La mayor guerra de nuestras vidas se centra en la batalla de la mente. Estoy agradecido por trabajos como este que **inundan nuestra artillería espiritual con munición evangélica.** Gracias, Louie G (ese es el nombre de rap que le di), por darnos el tipo de profundidad y accesibilidad que necesitamos para hacer resistencia en el frente de batalla, para la gloria de Dios, de la guerra en nuestras mentes.

KB

ARTISTA RAPERO

En el banquete de tu corazón hay dos asientos —uno para ti y otro para Jesús— y tres son una multitud. Ese es el mensaje que cambia el paradigma en este importante libro, *No le des al enemigo un asiento en tu mesa.* En la medida en que permitas que el diablo te acompañe y sea una tercera rueda en tu pensamiento, te descarrilarás de tu destino. Deja que Louie te muestre cómo **decirle al enemigo: «Los asientos están ocupados» y verás cómo cambia tu vida.**

LEVI Y JENNIE LUSKO

PASTORES PRINCIPALES DE LA IGLESIA FRESH LIFE Y AUTORES DE *BEST SELLERS*

Estoy seguro de que *No le des al enemigo un asiento en tu mesa* **no solo aclarará tu fe, sino que la fortalecerá.** Jesús ya obtuvo la mayor victoria; ahora nos toca a nosotros luchar para pensar correctamente y fijar nuestra mirada en nuestro Buen Pastor.

TIM TEBOW

ATLETA PROFESIONAL Y COMENTARISTA DE LA SEC NATION, AUTOR, ORADOR PRINCIPAL Y FILÁNTROPO

¡No le des al enemigo un asiento en tu mesa es un regalo! Este maravilloso libro nos muestra cómo acceder y ejercitar los recursos que tenemos en Cristo para que podamos **restaurar la paz y el descanso en nuestras mentes.**

DR. CRAWFORD W. LORITTS, JR.

AUTOR, ORADOR, PRESENTADOR DE RADIO Y PASTOR PRINCIPAL DE FELLOWSHIP BIBLE CHURCH

No le des al enemigo un asiento en tu mesa es **un reflejo y una efusión de resolución y sabiduría forjadas a fuego,** acompañadas del don de la gracia de las herramientas que Louie ha sabido articular de forma tan práctica.

BROOKE Y SCOTT LIGERTWOOD

No le des al enemigo un asiento en tu mesa nos recuerda la identidad que tenemos en Cristo, que cada batalla que él ha ganado nosotros también la hemos ganado. Louie **nos muestra cómo nos invita Dios a una relación** con él y nos da un asiento en su mesa, mientras gana la batalla de tu mente.

CHRISTIAN Y SADIE HUFF

No le des al enemigo un asiento en tu mesa es **un mensaje que cambia al mundo y los paradigmas** directamente de las Escrituras.

EARL MCCLELLAN

PASTOR DE SHORELINE CITY CHURCH

ELOGIOS PARA
NO LE DES
AL ENEMIGO
UN ASIENTO
EN TU MESA

Louie escribe con esperanza y habla de libertad a nuestros corazones cansados y necesitados de recibir la victoria a disposición nuestra por medio de Jesús. Este libro es **un tesoro al que volverás una y otra vez.** ¡No puedo esperar a que lo leas y veas tu vida transformada!

LYSA TERKEURST

AUTORA *BEST SELLER*
DEL *NEW YORK TIMES*
Y PRESIDENTA DE
PROVERBS 31 MINISTRIES

Todos sabemos lo que es sentirse atrapado en las espirales interminables de los pensamientos autodestructivos y la frustración de no saber cómo interrumpir el ciclo de estos. Este sabio y práctico libro proporciona la orientación que necesitamos para liberarnos **de la tiranía del pensamiento negativo** y recuperar la alegría. ¡Altamente recomendado!

**IAN MORGAN
CRON**

AUTOR DE *EL CAMINO
DE REGRESO A TI*

Louie Giglio es un regalo profético para nuestro tiempo. Y el salmo 23 es una verdad que hace eco en todos los tiempos. Juntos son **una llamada de atención para sintonizar nuestra mente** con la vida en el reino. Como alguien que comienza todas las mañanas orando el salmo 23, este libro tocó una fibra profunda de mi corazón.

JOHN MARK COMER

PASTOR DE VISIÓN Y ENSEÑANZA EN LA IGLESIA DE BRIDGETOWN Y AUTOR DE *THE RUTHLESS ELIMINATION OF HURRY*

El nuevo libro de Louie, *No le des al enemigo un asiento en tu mesa*, es **para cualquiera que haya dejado que el enemigo ocupe un espacio** en su mente. Ya sea por la ira, la soledad, la inseguridad o la vergüenza, es hora de echar al enemigo de tu mente y recuperar tu asiento en la mesa.

STEVEN FURTICK

PASTOR DE LA IGLESIA ELEVATION Y AUTOR *BEST SELLER* DEL *NEW YORK TIMES*

Si estás luchando con pensamientos desalentadores, el libro del pastor Louie Giglio, *No le des al enemigo un asiento en tu mesa*, te guiará a **descubrir las verdades bíblicas que te ayudarán a liberar tu mente** para que puedas vivir la vida que Dios quiere para ti.

CRAIG GROESCHEL

PASTOR DE LIFE.CHURCH Y AUTOR *BEST SELLER* DEL *NEW YORK TIMES*

No le des al enemigo un asiento en tu mesa te equipará con herramientas prácticas para **alinear tus pensamientos con la verdad de Dios** y poder cumplir con el propósito que te dio con pasión y alegría.

CHRISTINE CAINE

AUTORA DE *BEST SELLERS* Y FUNDADORA DE A21 Y PROPEL WOMEN

No le des al enemigo un asiento en tu mesa es, sin duda, **una palabra «oportuna» para este tiempo, llena de verdad y ánimo** para ayudarte a recuperar cada centímetro de terreno que el enemigo te ha robado y para que entres plenamente a la paz, la libertad y la victoria por la que Jesús murió para darte.

CODY CARNES Y KARI JOBE CARNES

ARTISTAS DE ADORACIÓN NOMINADOS AL GRAMMY

Hay pocas voces en la cristiandad capaces de **hablar con tanta precisión de las realidades** de la vida espiritual. Estas páginas no son solo una inspiración; ¡son una preparación para luchar contra las tinieblas!

JOHN LINDELL

PASTOR PRINCIPAL DE LA IGLESIA JAMES RIVER Y AUTOR DE *SOULS SET FREE*

No le des al enemigo un asiento en tu mesa es una **guía triunfal** para encontrar la esperanza transformadora que busca todo corazón herido.

KATHERINE Y JAY WOLF

AUTORES DE LOS *BEST SELLER SUFFER STRONG* Y *HOPE HEALS*

NO LE DES AL ENEMIGO UN ASIENTO EN TU MESA

OTROS LIBROS DE LOUIE GIGLIO

Nunca demasiado lejos

Yo no soy, pero conozco al YO SOY

Goliat debe caer

Indescriptible

LIBROS PARA NIÑOS

Goliat debe caer para jóvenes lectores

¡Cuán grande es nuestro Dios!: 100 devocionales indescriptibles acerca de Dios y la ciencia

Indescriptible: 100 devocionales sobre Dios y la ciencia

NO LE DES AL ENEMIGO UN ASIENTO EN TU MESA

ES TIEMPO DE GANAR LA BATALLA EN TU MENTE

LOUIE GIGLIO

La misión de Editorial Vida es ser la compañía líder en satisfacer las necesidades de las personas con recursos cuyo contenido glorifique al Señor Jesucristo y promueva principios bíblicos.

NO LE DES AL ENEMIGO UN ASIENTO EN TU MESA
Edición en español publicada por
Editorial Vida. 2022
Nashville, Tennessee

© **2022 Editorial Vida**

Este título también está disponible en formato electrónico.

Publicado originalmente en EUA bajo el título:
Don't Give the Enemy a Seat at Your Table
Copyright © 2021 por Louie Giglio
Publicado con permiso de Thomas Nelson
Todos los derechos reservados

Prohibida su reproducción o distribución.

Editora en Jefe: *Graciela Lelli*
Traducción: *Adrián Aizpiri*
Adaptación del diseño al español: *Interpret The Spirit, LLC*

ISBN: 978-0-82977-076-6
eBook: 978-0-82977-080-3

CATEGORÍA: Religión / Vida Cristiana / Inspiración

IMPRESO EN ESTADOS UNIDOS DE AMÉRICA

22 23 24 25 26 LSC 9 8 7 6 5 4 3 2 1

Agradece por las tormentas de la vida.
Ellas revelan quiénes son tus verdaderos amigos.
Al amigo que envió el texto que se ha
convertido en el título de este libro,
gracias por permitir que Dios te
use para cambiar mi vida.

CONTENIDO

UNO

DIEZ PALABRAS QUE CAMBIARÁN TU VIDA

Me sentí atacado. Malinterpretado. Abandonado. Herido.

Shelley y yo estábamos en medio de una gran tormenta, una de las temporadas más duras a las que nos hemos enfrentado como líderes. Los dardos volaban hacia mí desde todas las direcciones. Mi corazón estaba pesado y en conflicto.

En el tiempo en que decidimos —hace años— plantar una iglesia, un amigo fue escalofriantemente claro en su estimación del proyecto en el que nos embarcábamos: «Será lo más difícil que jamás hayas hecho».

En ese momento, dejé de lado esas palabras. «Hemos hecho cosas muy difíciles», pensé. Pero ahora, sus palabras resonaban en mi mente. Tenía razón. Construir una familia del reino llamada «iglesia» a partir de una tribu de personas mayoritariamente desconocidas estaba poniendo al descubierto mi optimismo (pensaba que nunca tendríamos luchas internas como las de cualquier otra iglesia) y, aún a los cincuenta años, me enfrentaba a retos que ponían a prueba los límites de mi experiencia.

Ahora las luchas internas eran reales. Intensas. Personales. La amargura y la frustración hacían horas extras para afianzarse en mi espíritu. Más de una vez me pregunté si valía la pena, por lo que quise hacer las maletas y abandonar.

Una tarde, a los pocos meses de ese tramo tumultuoso, estaba en el camino de entrada a nuestra casa escribiendo ansiosamente un mensaje de texto a un amigo en el que podía confiar. A primera hora de la tarde me había enterado de algo que reivindicaba mi caso. Siempre he creído en el dicho: «No tienes que contar tu versión de la historia; el tiempo lo hará». Ese día sentí que el tiempo le decía al mundo que yo tenía razón y, obviamente, no iba a quedarme con las buenas noticias. Quería que otras personas también supieran que yo tenía razón. Así que me puse en contacto con alguien que había estado a mi lado en la lucha, alguien que había recibido algunos golpes a causa de mí.

Vaya… ¡qué clase de texto! Una larga obra maestra de angustia y reivindicación, cuyo tono era algo así: «No vas a creer lo que acaba de pasar. No digo que tenga razón, pero ¡las cosas son como son! ¿Puedes creerlo? Quiero decir, si le das a las cosas el tiempo suficiente, verás las verdaderas intenciones de la gente, ¿verdad? Quiero decir, finalmente… bla, bla, bla».

Presioné «enviar» y esperé. Literalmente. Me quedé mirando la pantalla, esperando que llegara el apoyo. Quería una respuesta que resonara con un sincero: «¡Eh, Louie, estoy contigo! Sabía que tenías razón todo el tiempo». Quería un hombre sobre el que llorar. Un choque de manos o un choque de puños (*no* del tipo emoji). Necesitaba palabras reales a cambio, muchas.

Pasó un momento. Otro. Esperé.

Hagamos una pausa por un momento y dejemos que el enfoque se dirija a *tu* historia.

¿Has enviado alguna vez un mensaje así?

No necesitas estar plantando una iglesia para estar en un lugar difícil. Todo el mundo experimenta circunstancias tensas en las que tu mente está cargada y te sientes que estás bajo ataque. Tiempos en los que quieres dar un gran golpe y contraatacar o quieres rendirte. ¿Qué es lo que haces tú?

¿Cómo se gana la batalla de la mente?

EL TEXTO QUE LO CAMBIÓ TODO

Cuando te encuentras en un tramo dificultoso lleno de conflictos y confusión, si pudieras poner en orden tus pensamientos probablemente podrías encontrar la manera de seguir adelante, pero mantener la cabeza despejada es más difícil de lo que parece.

Tal vez estés en el lado equivocado de las acciones dañinas o las palabras hirientes de otra persona. Tal vez el conflicto venga de tu interior. Te sientes abandonado. Falsamente acusado. Herido. Derrotado. Tentado. Perdido. Tu estado de ánimo es bajo. Tu mente está estresada. Estás cansado de las interminables conversaciones que tienes dentro de tu cabeza con amigos, compañeros de trabajo, familiares, acusadores. Conversaciones en las que siempre te reivindican y exponen sus defectos.

En esos momentos es fácil que el miedo o la desesperación se apodere de ti. Te encuentras constantemente cuidando tus espaldas, preguntándote si alguien quiere atraparte. Luchas con tus emociones. Te enfureces. Irrumpes en llanto. No es raro ceder a esos pensamientos oscuros, sobre todo cuando estás mirando al techo a las dos de la mañana, intentando desesperadamente tomar el control de la narración y controlar el resultado. Te sientes como si estuvieras entre la espada y la pared, y la paranoia puede convertirse en tu compañera inamovible. Mantienes las defensas altas.

Y buscas aliados. Buscas a alguien, cualquiera, que vea las cosas a tu manera. Te acercas a cualquiera que escuche tu versión de la historia y se compadezca de ti. Esa es la posición en la que me encontraba, de pie fuera de mi casa, fijada en ese pequeño círculo que giraba en mi teléfono, indicando que la respuesta a mi mensaje estaba en camino.

Recuerda que necesitaba que la respuesta de mi amigo fuera acorde con el esfuerzo que había hecho en mi mensaje. Estaba ansioso por algo contundente y audaz. Mucha afirmación y solidaridad. Muchas palabras.

Y entonces llegó. Una respuesta de una sola frase. Diez palabras para ser exactos. Desconcertado, respondí: «¡Lo dices en broma!». Pero cuando lo leí con atención y me concentré en el mensaje, esas diez palabras cambiaron mi vida. El mensaje decía:

No le des al enemigo un asiento en tu mesa.

Hice a un lado mi fastidio y dejé que el mensaje calara. Rápidamente vi que mi amigo había dado en el clavo. Había permitido que mi adversario, el diablo, influyera en la conversación dentro de mi mente.

Mi lucha no era contra la gente. La gente estaba involucrada, pero la batalla que estaba enfrentando era contra autoridades, contra potestades que dominan este mundo de tinieblas (Efesios 6:12). Mi Padre celestial no me estaba haciendo sentir miedo o paranoia. Mi Pastor no estaba poniendo pensamientos de desesperación en mi mente. Los pensamientos dañinos venían de alguien más.

El enemigo había tomado asiento en mi mesa y yo me permitía escuchar a un asesino. Allí mismo, en la entrada de mi casa, decidí recuperar mi mesa. El diablo tendría que huir.

EL ENEMIGO HABÍA TOMADO ASIENTO EN MI MESA Y YO ME PERMITÍA ESCUCHAR A UN ASESINO.

_____

En los días que siguieron, mi mente se fijó en esas diez palabras. Cuando los pensamientos negativos entraban en mi mente, me decía a mí mismo: «No le des asiento al enemigo. No te entretengas con sus ideas. Estos pensamientos no provienen de un Pastor bueno y confiable. Sigue adelante».

Poco después, me sentí impulsado a estudiar el salmo 23, un texto que ha consolado y sostenido al pueblo de Dios a lo largo de los tiempos, mientras navegaba por esas aguas turbulentas.

Ahora lo veía con ojos nuevos. Especialmente el versículo que dice: «Tú preparas mesa delante de mí en presencia de mis enemigos» (v. 5 LBLA).

Podía verme sentado en una mesa, con el Buen Pastor frente a mí. Él me había conducido a través de valles oscuros para llegar a la mesa, y no tenía por qué tener miedo, aunque las ardientes pruebas no se hubieran resuelto del todo. Mi lugar en la mesa no significaba que mis enemigos fueran eliminados de la ecuación. De hecho, la mesa estaba puesta justo en medio de mis enemigos. Eso cautivó mi imaginación y mantuvo mi atención.

No necesitaba reivindicarme. No necesitaba limpiar mi nombre. No necesitaba controlar esta ecuación ni trabajar horas extras para mejorarla. Mi tarea era concentrarme en el Buen Pastor, el dueño de la mesa.

Mi invitación fue poner mi confianza en aquel que me impulsó a recostarme en verdes pastos, aquel que me condujo junto a aguas de reposo y restauró mi alma. El Buen Pastor me guiaba por los caminos correctos por amor a su nombre. Los valles oscuros y los tiempos difíciles eran parte de esos caminos, pero él estaría conmigo y me cuidaría atravesando cada noche amenazante. El Buen Pastor ungiría mi vida con su favor y mi copa rebosaría. Mi promesa —la bondad, la misericordia y el amor— me acompañaría cada día de mi vida.

Mi destino estaba fijado. No necesitaba tener miedo. El Pastor estaba en la mesa y se encargaría de que yo habitara en la casa del Señor para siempre.

Día tras día me sentaba con la verdad del salmo 23, dejando que se abriera paso en mi alma. Por 1 Pedro 5:8, sabía que una de las principales tácticas del diablo era merodear mi vida. Así que tal vez no podía evitar que el diablo rondara mi mesa, pero en el nombre de Jesús definitivamente podía decidir si le permitía sentarse a mi mesa.

La Palabra de Dios estaba transformando mi pensamiento y teniendo un poderoso impacto en mi estado de ánimo y en la paz de mi corazón. *No le des al enemigo un asiento en tu mesa* se estaba convirtiendo rápidamente en algo más que una cita útil. Estas diez palabras se estaban convirtiendo en un arma que me estaba liberando.

EL IMPULSO SE ACUMULA

Unas semanas más tarde, estaba dirigiendo un estudio bíblico matutino para los entrenadores de un equipo deportivo profesional. La temporada del equipo se había caracterizado por la lucha y la derrota, y el estado de ánimo en la sala era bajo. Sus críticos estaban dando vueltas. Supongo que había una medida de sospecha y lucha interna. Podía ver la angustia y la desesperación en sus rostros. Los entrenadores se encontraban en una situación similar a la mía la noche en que envié el primer mensaje a mi amigo.

A mitad de mi mensaje, sentí un empujón del Espíritu para orientar mi charla hacia lo que Dios me estaba enseñando a través del salmo 23 y lo que había estado aprendiendo sobre la mesa que Dios prepara en presencia de nuestros enemigos. Les describí cómo había enviado a mi amigo un largo mensaje que decía: «¡Ay de mí, apóyame!», y lo que él me había respondido.

Cuando pronuncié la frase *No le des al enemigo un asiento en tu mesa*, el ambiente en la sala cambió. La expresión del rostro de muchos de los entrenadores cambió. Más tarde, varios de ellos me dijeron que esas diez palabras les habían llegado con la misma fuerza que a mí.

Ese mismo día volví a Passion para nuestra reunión programada con todo el equipo. Cuando volví a Atlanta, llamé y pedí que se pusiera una mesa en el centro de la sala con aperitivos básicos y vasos de agua. Amplié lo que había compartido esa mañana con los entrenadores y transformé el mensaje en una experiencia visual, en la que me senté en una mesa con comida y hablé sobre la promesa del salmo 23.

Una vez más, el mensaje aterrizó con fuerza. Tanto es así que lo desarrollamos en una charla completa que compartí con nuestra iglesia el domingo siguiente. La comida fue un poco más suntuosa esta vez y la decoración un poco más elegante. Teníamos abundantes platos de fruta y queso. Fiambres. Pan. Postre.

¡Bam! Esas diez palabras volvieron a dar en el clavo... de una manera muy profunda. Una madre de tres hijos que estaba en medio de una separación conflictiva me dijo que esas palabras eran exactamente lo que necesitaba escuchar. Una estudiante universitaria que luchaba con pensamientos de suicidio hizo eco a su respuesta. Era claro que no era la única que estaba luchando y el mensaje no era solo para mí. Estaba destinado a ser compartido con el mayor número de personas posible.

Con el tiempo tuve el privilegio de compartir el mensaje por todo el mundo y la experiencia se convirtió en algo refrescante e interactivo para mí como comunicador. Empezaba el mensaje en el escenario, pero pronto acababa en la mesa, que se había situado de antemano en medio de la gente. En algún momento pasaba la comida por las filas, animando a la gente a disfrutar de un *croissant*, un bizcocho de chocolate pequeño o un trocito de zanahoria y luego a pasar la bandeja de comida a sus vecinos. Los postres de aspecto delicioso siempre recibían la mayor ovación.

Pero no se trataba de una ilustración artificiosa. Era una ilustración poderosa de que el Rey del universo nos invita a ti y a mí a sentarnos con él a su mesa. Esas diez palabras eran memorables, pero aún más, estaban llenas de un poder comprobado. La historia que transmitían era liberadora y tenía una aplicación inmediata.

Es la historia de un Buen Pastor que te ve y camina contigo por el valle. Es la historia de un Buen Pastor que te ve y camina contigo a través del valle. Este mensaje te hace ver que no tienes que dejar que los pensamientos de tu cabeza se desborden. Estas diez palabras son, en definitiva, un mensaje de victoria.

RECUPERA LA MESA PREPARADA PARA TI

Por eso he escrito este libro. Quiero ayudarte a ver que tienes poder, a través de Jesucristo, para tomar autoridad sobre quién se sienta a tu mesa, sobre quién influye en tu pensamiento. Puedes recuperar tu libertad y controlar tus pensamientos y emociones. No necesitas estar atrapado por el temor, la desesperación o la ira. Tu mente no tiene que estar estresada. No necesitas luchar más con pensamientos dañinos. Estás invitado a una relación íntima con el Todopoderoso. La mesa que él ha preparado para ti es de paz, claridad y abundancia. No tienes que darle al enemigo un asiento en tu mesa.

Para ser claros, las diez palabras que llegaron a la pantalla de mi teléfono son las que Dios utilizó para poner en marcha la cadena de acontecimientos que condujeron a este libro. Sin embargo, el potencial que te espera en estas páginas tiene sus raíces en algo mucho más grande que un mensaje de texto de un amigo. La promesa de este libro está anclada en un mensaje de tu Creador. Sus palabras para ti en las Escrituras están vivas y son poderosas. Sus palabras pueden romper las fortalezas que te han mantenido cautivo durante años. Pueden ayudarte a pensar claramente de nuevo. Sus palabras te darán una nueva visión.

En las páginas que siguen, vamos a descifrar el salmo 23 de una manera nueva. Y destacaremos especialmente el versículo 5: «Tú preparas mesa delante de mí en presencia de mis enemigos». Hablaré de las mentiras con las que el enemigo te alimenta mientras se abre camino para sentarse a la mesa que está destinada a tu Rey y a ti. Te mostraré formas de derrotar esas mentiras y te ayudaré a encontrar la victoria, la paz y la seguridad en medio de cualquier circunstancia o situación desafiante. Y te daré un estímulo práctico y útil que te ayudará a mantenerte firme en Jesús y tomar el control de tus pensamientos y temores.

El diablo no quiere nada más que aplastarte. Quiere robarte todo lo que valoras. Quiere matar todo lo que es bueno en tu vida. En última instancia, quiere destruirte. Si él puede reclamar la victoria sobre tu mente, al final puede reclamar la victoria sobre tu vida.

Pero el mensaje del salmo 23 es que el Buen Pastor prepara una mesa para ti. Es una mesa para dos y el diablo no está invitado a sentarse. Este libro ofrece un mensaje global que puede aplicarse a cualquier número de situaciones difíciles. Te ayudará a encontrar ánimo, esperanza y fuerza en medio de tu valle. No necesitas escuchar las voces del temor, la ira, la lujuria, la inseguridad, la ansiedad, la desesperación, la tentación o la derrota.

Estoy contigo en esta batalla. Me predico este mismo mensaje una y otra vez, y confío en que nuestro Buen Pastor será glorificado cuando nos lleve a ganar la lucha por nuestras mentes. Así que vayamos juntos. Tú y yo. Es hora de recuperar lo que el enemigo ha robado. Pasemos la página para ver más de cerca en qué consiste la mesa del Buen Pastor.

DOS

EL SALMO VEINTITRÉS, UN REMIX

Nuestros buenos amigos Jay y Katherine Wolf se conocieron hace años como estudiantes de primer año en la Universidad de Samford y pronto se enamoraron. Él se dirigía a la carrera de Derecho. Ella fue literalmente coronada como Miss Samford: inteligente, hermosa y segura de sí misma.

En 2004, recién graduados, se casaron y juraron amarse en la salud y la enfermedad. Pronto se mudaron de Atlanta a Malibú (California), donde Jay ingresó en la Facultad de Derecho de la Universidad de Pepperdine y Katherine siguió su carrera de actriz y modelo. Durante un par de años todo fue bien. En 2007, tuvieron su primer hijo, un varón. Todo iba bien.

Una tarde, seis meses después de dar a luz, Katherine se sintió mareada y con el estómago revuelto. Se le entumecieron las manos, los brazos y las piernas. Se dirigió al salón para bajar el volumen de la televisión. Se tambaleó una vez, dos veces y, de repente, se desplomó. Jay estaba en casa y llamó al 911. Llevaron a Katherine al hospital y le diagnosticaron un derrame cerebral masivo. No se esperaba que sobreviviera. Para salvarle la vida, le extirparon más de la mitad del cerebelo. La operación duró más de dieciséis horas. Katherine tenía veintiséis años.

Milagrosamente, Katherine sobrevivió a la repentina prueba, pero la historia de su «nueva normalidad» no había hecho más que empezar. Durante dos meses, Katherine permaneció inconsciente. Durante cuarenta días, permaneció en cuidados intensivos. Tuvo que volver a aprender a hablar y a comer. Tardó dieciocho meses en volver a caminar. Siguieron años de rehabilitación y recuperación, junto con diez operaciones más. El cuerpo de Katherine nunca se recuperó totalmente del derrame cerebral.

Hoy, Katherine vive con limitaciones a largo plazo. Está parcialmente sorda y no puede tragar normalmente ni ver bien. Parte de su cara muestra los efectos de la parálisis. Tiene problemas para hablar. La mayoría de las veces utiliza una silla de ruedas para desplazarse. Sin embargo, Katherine y Jay desprenden una fe extraordinaria. Es una fe profundamente arraigada en la confianza de que hay un propósito en el dolor. Como resultado, son una gran fuerza para el reino de Dios. A través de sus libros y mensajes, llevan mucha esperanza a las personas que sufren en todo el mundo.[1]

Pocos de nosotros hemos pasado por la profundidad de lo que Katherine y Jay han experimentado. Pero todos hemos experimentado una vida menos que perfecta. Cuando se trata de no dar al enemigo un asiento en tu mesa, tenemos que empezar por envolver nuestras mentes en esta difícil verdad: la vida es dura, pero Jesús nos invita a seguirle de todos modos.

UNA FE «AUNQUE... YO»

En las Escrituras, página tras página, encontramos personas en situaciones en las que la vida parece haberles arrinconado. Podría parecer lógico que abandonaran su fe. No nos sorprendería que se alejaran de Dios en medio de la dificultad ni que se inclinaran por su adicción favorita en un intento por sentirse mejor. Por desgracia, eso es lo que hacen muchas personas cuando las cosas se ponen difíciles.

Verás, cuando la vida se torna difícil, casi siempre somos tentados a recibir al enemigo en nuestra mesa. Pero cuando nos damos cuenta de que Jesús nos invita a seguirle, *aunque* la vida sea dura, descubrimos la verdad fundamental para ganar la batalla en nuestras mentes.

Esta es la profundidad de la fe que vemos en toda la Biblia. Tres jóvenes hebreos: Sadrac, Mesac y Abednego, adoraron a Dios en una época en la que el rey Nabucodonosor había ordenado que todos adoraran solo a una enorme estatua de oro de sí mismo. El objetivo de Sadrac, Mesac y Abednego era ser obedientes al llamado de Dios en sus vidas. Cuando sonó la música (la señal para que todos se postraran y adoraran a la estatua de oro), Sadrac, Mesac y Abednego permanecieron de pie. Debido a sus acciones justas, terminaron siendo arrojados a un horno ardiente. ¿Qué estaba pensando Dios? Seguramente eso no tenía sentido. Ellos no habían hecho nada malo. ¿No deberían ser recompensados por su vida justa? ¿No estaba Dios a favor de ellos y no en contra?

La fe de Sadrac, Mesac y Abednego no se encogió. Por el contrario, se extendió. Incluso estando al borde de un horno de fuego, fueron capaces de decirle al rey: «Si se nos arroja al horno en llamas, el Dios al que servimos puede librarnos del horno y de las manos de Su Majestad. Pero, aun si nuestro Dios no lo hace así, sepa usted que no honraremos a sus dioses ni adoraremos a su estatua» (Daniel 3:17-18). Rescatados de sus circunstancias o dejados para pasar por el fuego, de cualquier manera, permanecerían fieles a Dios.

O considera a Pablo y Silas. Fueron llevados a la cárcel. ¿Su crimen? Liberaron a una esclava de la opresión demoníaca. Hicieron lo correcto. Aun así, los ciudadanos de la ciudad de Filipos se reunieron en una turba furiosa y arrastraron a Pablo y a Silas ante las autoridades. Los golpearon severamente y los metieron en la cárcel. Pablo y Silas estaban tratando de honrar a Dios. Habían estado en un viaje misionero, ¿y esto fue lo que les tocó? Nadie los habría culpado si hubiesen abandonado la fe, o se hubiesen quejado, o hubiesen recurrido a algún tipo de adicción para intentar calmar su dolor. Pero no. Era medianoche. Tenían los pies encadenados al cepo. Sus espaldas estaban ensangrentadas y en carne viva. Y Pablo y Silas estaban orando y cantando canciones de alabanza (Hechos 16:16-40). Esa es una fe que crece en los momentos difíciles.

Miro a Pablo y a Silas; a Sadrac, Mesac y Abednego; y a todas las personas que a lo largo de la Escritura se enfrentaron a tiempos de intensos problemas y, sin embargo, siguieron adelante con su fe, y me maravillo. El profeta Habacuc lo dijo claramente cuando proclamó:

> Aunque la higuera no florezca,
>> ni haya frutos en las vides;
> aunque falle la cosecha del olivo,
>> y los campos no produzcan alimentos;
> aunque en el aprisco no haya ovejas,
>> ni ganado alguno en los establos;
> aun así, yo me regocijaré en el Señor,
>> ¡me alegraré en Dios, mi libertador!
>
> (Habacuc 3:17-18)

Las dos últimas líneas indican una fe enorme. ¿Y te has fijado en las dos frases que se repiten tres veces en la oración de Habacuc?

Aunque... yo...

Habacuc dijo básicamente: «*Aunque* no haya cosecha, y *aunque* las cosechas se pierdan, y *aunque* los campos estén desolados, y *aunque* los establos de provisiones estén vacíos, *yo seguiré* estando alegre y feliz porque el Señor Dios es mi Salvador. No he perdido mi fe. De hecho, mi fe es aún mayor. Todavía voy a regocijarme en el Señor. Todavía voy a adorar a Dios. No voy a dejarme desviar por actitudes o acciones que me perjudican. Cuando encuentro tiempos difíciles, mi fe se extiende».

Esas dos frases establecen una poderosa relación de causa y efecto como ejemplo a seguir. *Aunque* pasen cosas malas, *yo alabaré* al Señor. *Aunque* sucedan cosas malas, *no dejaré* que mi mente se pierda con lo que dice el enemigo.

Ese es el tipo de fe que veo en Jay y Katherine Wolf. Mientras escribía este capítulo, recibieron la noticia de que era necesario realizar nuevas pruebas para aclarar una serie de problemas neurológicos no detectados anteriormente. Dependiendo de los resultados de esas pruebas, podrían enfrentarse a vientos contrarios más desafiantes. Nos pidieron a Shelley y a mí que oráramos por ellos antes de que se realizaran los estudios médicos. Cuando terminamos de orar, Katherine oró por nosotros acerca de una tormenta en la que Shelley y yo estábamos navegando. En la oración de Katherine, citó a Habacuc 3:17-18. Dijimos nuestros amenes, y le dije que estaba a punto de escribir esos mismos versículos.

Ella dijo: «Me encanta el último versículo: "El Señor omnipotente es mi fuerza; da a mis pies la ligereza de una gacela y me hace caminar por las alturas". Me aferré a esas palabras cuando estaba aprendiendo a caminar de nuevo» (v. 19). En 2009, tras recibir un diagnóstico poco optimista de los médicos, personalizó el pasaje para su situación:

> Aunque no puedo caminar,
> y estoy confinada a una silla de ruedas;
> Aunque la mitad de mi cara está paralizada,
> Y ni siquiera puedo sonreír;
> Aunque estoy muy impedida,
> Y no puedo cuidar de mi bebé;
> Sin embargo, me alegraré en el Señor,
> ¡Estaré alegre en Dios mi Salvador!

Esta no es la fe de un cristiano que cree en Dios solo cuando brilla el sol. Esta no es una fe que se marchita bajo presión. Esta fe florece a pesar de la presión. Esta fe dice: «*Aunque pasen cosas malas, alabaré al Señor*».

¿Cómo podrías personalizar la oración de Habacuc?

> Aunque estoy bajo una intensa presión financiera…
> Aunque mi cónyuge esté con otra persona en este momento…

Aunque estemos en una crisis global…

Aunque_____…

Sin embargo, yo me alegraré en el Señor.

¡Estaré alegre en Dios mi Salvador!

Desarrollar este tipo de fe «aunque… yo…» cambia la temperatura y la trayectoria de tu vida. Cuando la presión aumenta, este tipo de fe no se encoge. Por el contrario, se extiende. Se vuelve más audaz. Más decidida e intrépida, y más robusta.

El desarrollo del tipo de fe que dice: «aunque…» tiene mucho que ver con el lugar donde ponemos nuestro enfoque. Podemos desarrollar este tipo de fe, en el nombre de Jesús, y el desarrollo de esta fe es el principio fundamental para no darle al enemigo un asiento en nuestra mesa. Para ello, necesitamos arraigar nuestro pensamiento en una promesa bíblica bien conocida, pero ampliamente desaprovechada.

UNA ANTIGUA CANCIÓN TRAE NUEVAS FUERZAS

Si te preguntara cuál es el pasaje más conocido de las Escrituras, tal vez me dirías que es Juan 3:16. Seguro que lo has visto garabateado en carteles sostenidos en eventos deportivos. Pero creo que el salmo 23 podría ser aún más famoso. Se oye recitar este pasaje en bodas y funerales. Se ha predicado, pintado y esculpido.

Aparece en memes esparcidos por las redes sociales. Encontrarás fragmentos de él en películas como *Pale Rider* y *Titanic*. Se encuentra en cualquier número de canciones clásicas de Bach y Schubert, en innumerables himnos y canciones de adoración, e incluso en «Gangsters Paradise» de Coolio.

El salmo 23 está entretejido en la tela misma de nuestra cultura pero, si tu formación eclesiástica es similar a la mía, ambos necesitamos quitar las telarañas. Porque cuando digo el salmo 23, es demasiado fácil recitar esas famosas palabras sin siquiera pensar.

El Señor es mi pastor, nada me falta... No hay problema. *Pastos verdes. Aguas tranquilas. El valle tenebroso. La vara. El banquete. La cabeza ungida.* Claro, sé de lo que hablas.

Tenemos que borrar y renovar todo pensamiento insustancial y repetido sobre este salmo porque es muy relevante para lo que estamos viviendo en nuestra cultura hoy en día. En este mismo momento. Tenemos que pedirle a Dios que nos ayude a desechar la imagen del cayado, del pastor, del señalador de la abuela, y nos ayude a ver cómo este pasaje contiene una promesa increíblemente poderosa para nosotros.

Este pasaje describe a Dios como un pastor personal y atento que cuida íntimamente de las ovejas, pero que es lo suficientemente fuerte como para defenderlas de los ataques. Este pastor se asegurará de que descanses y te alimentes bien. Pero también hará retroceder a todos aquellos que amenacen tu seguridad y bienestar. Con el tiempo, vemos a este pastor más claramente en la persona de Jesucristo.

En Juan 10:1-21, Jesús explicó que él mismo es el Buen Pastor. Jesús conoce a sus ovejas, a nosotros. Nos protege de los ladrones y salteadores. Él dio su vida por nosotros. Nos guía y somos capaces de escuchar su voz y conocerla. Juan 10 personifica a Jesús como el Buen Pastor del salmo 23. Y en el salmo 23, los atributos y acciones del pastor-Dios son verdaderos del pastor-Jesús. Lo sabemos porque Hebreos 13:8 afirma claramente que «Jesucristo es el mismo ayer y hoy y por los siglos». Esta es la increíble invitación en la que Jesús está diciendo: «Quiero ser tu Buen Pastor». Es un Dios personal e implicado que quiere pastorear tu vida. ¿Podemos detenernos y respirar esta realidad? El Buen Pastor, que también es Dios, se ofrece para guiarte en cada momento de tu vida.

La clave para nosotros, entonces, es que permitamos que Jesús nos pastoree. Todos somos pastoreados, nos demos cuenta o no. Puede que tu pastor no sea Jesús. Pero igualmente algo te va a guiar. En 2 Pedro 2:19 dice: «Cada uno es esclavo de aquello que lo ha dominado». Así que tal vez la cultura sea tu guía. El himno del mundo te guía. Vas a seguir la corriente de las redes sociales, y eso te va a guiar.

Algunos dicen: «No, yo no tengo pastor. Nadie me guía. Yo soy quien tomo las decisiones. Yo tomo todas las decisiones aquí». Genial, entonces tú eres tu propio pastor. Te estás guiando a ti mismo. Dependes de ti mismo para guiarte hacia aguas tranquilas y pastos verdes. Una cosa es segura: si eres tu propio pastor, es probable que *estés* en necesidad. Desgraciadamente, cuando la gente toma las riendas de su propia vida, acaba parafraseando el salmo 23 algo parecido a lo siguiente:

> Yo soy mi propio pastor,
>
> y soy un desastre.
>
> No tengo todo lo que necesito. Eso es seguro.
>
> No reconocería el agua estancada, ni aunque me
>
> mirara fijamente.
>
> Hace tiempo que no descanso en un pasto verde.
>
> No ando por caminos de rectitud, pero sé lo que es
>
> el temor y la maldad.
>
> Busco consuelo dondequiera que pueda conseguirlo.
>
> No soporto a mis enemigos. Quiero hacerles daño.
>
> Mi copa definitivamente se desborda: estoy lleno
>
> de angustia, consumido por la ira, la pena y el
>
> enojo. Estoy tan lleno que me desbordo fácil-
>
> mente. Estoy tan lleno que no hace falta mucho
>
> para que explote.
>
> No sé qué es lo que me va a seguir todos los días de
>
> mi vida, pero sí puedo decirte una cosa:
>
> ¿Cómo le va a mi alma? No muy bien.

Cuando permites que Jesús sea tu pastor, él entra en esta cultura estresada y se convierte en tu guía de renovación. Él te guía, te cuida y te da descanso. Jesús te da un propósito. Te muestra cómo tratar con tus enemigos para que no te destrocen por dentro. Jesús te da una esperanza y un futuro, y restaurará tu alma. Él te dará bondad y amor para hoy, para mañana y para cada día por el resto de tu vida. Jesús incluso te dará una eternidad con él en el paraíso.

Todo eso se encuentra en las promesas del salmo 23. Si no has permitido que Jesús dirija tu vida, ¿por qué no lo haces ahora mismo? Si dejas que él te guíe, no te faltará nada. Y tu vida cambiará para mejor.

Pero hay algo más: cuando permites que Jesús te guíe, no se trata simplemente de que te dé cosas buenas o haga cosas útiles para ti. En el salmo 23 vemos que la primera forma en la que el Buen Pastor te va a guiar, requerirá de que hagas algo.

POR QUÉ ES BUENO SER DIRIGIDO

«Bueno, ya basta», estás diciendo. «Me bajo del autobús aquí mismo. No llevamos ni dos capítulos de este libro, ¿y ya Jesús me va a obligar a hacer algo?».

Espera. Este mandato es fundamental para la forma en que Jesús cuida de ti. Él te ama lo suficiente como para hacer que hagas algo vital que no estás dispuesto a saber hacer (o elegir hacer) por ti mismo. Pero te va a gustar, porque él hace que te acuestes en pastos verdes.

Claro, puedes echarte en un terreno rocoso si quieres. Puedes acostarte en el calor y el polvo. Pero Jesús dice: «Acuéstate en pastos verdes. Descansa un poco. Deja de intentar de controlar todos los resultados. Tómate un descanso en medio de la locura de tu día y reconoce que soy un Buen Pastor y que tengo tu mejor interés en el corazón. Por cierto, mientras descansas, sigue comiendo hierba verde. Permíteme alimentar tu alma. Así es como actúo. Te amo y te cuido, y cualquier directiva que te dé será para tu propio beneficio».

Cuando Dios se refiere a nosotros como ovejas, es un reflejo de cómo estamos conectados, aunque no es necesariamente un cumplido. Las ovejas necesitan liderazgo. Dios no está diciendo que somos lindos y adorables. Está diciendo que es demasiado fácil que nos pongan la lana sobre nuestros ojos. No vemos con tanto discernimiento como deberíamos. Ni siquiera descansamos cuando lo necesitamos. Cuando se trata de tomar decisiones sobre nuestro bienestar, no siempre somos superinteligentes.

Adivina por qué el agua a la que el Buen Pastor conduce a sus ovejas se describe específicamente como «tranquila». Porque las ovejas no tienen conciencia de sí mismas. Si una oveja ve un río rugiente, piensa que es un buen lugar para saciar su sed. No importa que las ovejas estén cubiertas con cinco suéteres de lana. La oveja se entusiasma tanto al ver el agua que mete la cabeza directo en el caudaloso río. Los siete kilos de lana se empapan. *¡Paf!* La oveja es arrastrada por el río rugiente. Ahora se dirige a los rápidos, mirando hacia atrás esperando que el pastor la rescate... *¡baaaa!*

Afortunadamente, el Buen Pastor lleva un cayado, un palo largo y robusto con un gancho en uno de los extremos. Cuando empezamos a dirigirnos hacia cosas que al principio parecen buenas, pero que al final nos llevan a la destrucción, Jesús nos vuelve a llevar a un lugar seguro. Siempre que nos dejemos guiar por él, por supuesto. Dios no nos obliga a seguirle. A veces solo nos mojamos la nariz en la corriente del agua y Jesús nos atrapa rápidamente. A veces luchamos contra el cayado del Pastor y nos lanzamos directamente al río. Ahora estamos en los rápidos, pesados, empapados y anegados, siendo arrastrados por el peso de nuestras decisiones insensatas. Llevamos tanto tiempo ignorando al Pastor que el río nos arrastra hacia nuestra destrucción. Nos dirigimos hacia el mar.

Sé que necesito un Buen Pastor. Soy cristiano desde hace muchos años, pero soy muy consciente de mi necesidad de entregar constantemente el liderazgo de mi vida a Dios. Soy demasiado propenso a meter la cabeza en cualquier corriente que parezca buena. No soy tan hábil para tomar decisiones inteligentes como creo. No me acuesto naturalmente en pastos verdes, así que acojo con satisfacción este mandato. Necesito que el Buen Pastor esté cerca, y necesito escuchar su voz cuando me dice: «No, Louie, no vamos a beber allí. No vamos a subir al borde de las cataratas del Niágara buscando saciar nuestra sed. En lugar de eso, ven a este pequeño y tranquilo estanque. Bebe en las aguas tranquilas y vive».

Llevarnos a las aguas tranquilas es una actividad fundamental de un pastor y, como tal, es esencial para lo que quiero expresar en este libro: que ganes la batalla de tu mente. Por eso lo menciono en este capítulo. En una palabra, el Buen Pastor es... *bueno*. Debido a su gran amor por nosotros, Jesús siempre actúa pensando en nuestro bienestar final. La bondad de Dios se encuentra en todo lo que es, dice y hace.

Sin embargo, quiero que nos centremos en el énfasis de las partes intermedias y posteriores del salmo 23, porque estos versículos nos señalan el tipo de fe «aunque» que he mencionado. Cuando desarrollamos este tipo de fe, nos ayuda a cambiar nuestras vidas para bien. En el salmo 23:4 encontramos estas palabras, que establecen el contexto de los versículos que vienen: «*Aunque* ande por el valle más oscuro, *no* temeré mal alguno».

¿Has visto el «aunque... yo...» en este famoso versículo? Es sorprendente que el Buen Pastor camine con nosotros a través del valle de la sombra de la muerte. Dios está con nosotros en las dificultades reales. Está con nosotros cuando un ser querido enferma. Está con nosotros cuando enterramos a alguien a quien queremos. Está cerca cuando nuestro corazón está destrozado. Está cerca cuando perdemos algo bueno que esperábamos. Tal vez estés experimentando el fin de una relación o la pérdida de un sueño. Intentaste entrar en un determinado programa, pero no funcionó. Te dirigías a un determinado trabajo, pero no lo conseguiste. Estabas seguro de que cierta persona estaba interesada en ti, pero resultó que esa persona solo quería ser tu amiga. Tal vez tú y tu cónyuge estaban tratando de concebir un hijo, pero esa ventana se cerró.

Podemos experimentar cualquier número de pérdidas en el valle de la sombra de la muerte. La pérdida forma parte de nuestra historia como seres humanos. Todos pasamos por el dolor, la decepción y el desánimo. Por eso es tan clave que, *aunque* el rey David atravesó una dificultad tan grande, declaró: «No temo peligro alguno». El Buen Pastor estaba allí para guiarlo y consolarlo. Al igual que hicimos con la oración de Habacuc, podemos hacer de este salmo algo personal en nuestras vidas.

¿Cómo puedes decir honestamente que no tienes temor? La respuesta se muestra en la segunda parte del versículo 4. No resolvemos todos los problemas que nos rodean. No evitamos todas las dificultades que se nos presentan. Sin embargo, no tenemos que temer ningún mal, porque el Buen Pastor está con nosotros. Su vara y su cayado nos reconfortan. No nos precipitemos ante esta verdad. Mirémosla despacio. Con cuidado.

El Dios Todopoderoso *está con nosotros*.

Independientemente de los problemas que estés atravesando en este momento, la buena noticia no es simplemente que Dios te ayudará. Ese no es todo el mensaje. El mensaje es que Dios *está contigo*. Está contigo en la enfermedad. Está contigo en la tumba. Él está contigo cuando la oportunidad de trabajo no llega. Está contigo cuando recibes una noticia mala. Está contigo en la sala de quimioterapia. Está contigo en la tormenta, y en el viento, y en la prueba, y en el valle. El Dios Todopoderoso, tu Buen Pastor, está ahí contigo en medio de la dificultad. Esta es una revelación que cambia las reglas del juego y cambia tu vida de oración. Porque ya no necesitas orar: «Dios, estoy en una tormenta, por favor ayúdame». En lugar de eso, puedes orar: «Dios, estoy en una tormenta. Gracias por estar en esta tormenta conmigo. Me cubres las espaldas. ¿Cómo vamos a superar esto juntos?».

La paz, la victoria y la libertad no provienen de sentarse a desear que no tengamos ningún problema o dolor. No, la realidad es que todos seremos conducidos a través del valle de la sombra de la muerte de alguna manera. Jesús promete en el salmo 23 que la paz, la victoria y la libertad vendrán en medio de los problemas, el dolor y la pérdida. Así es como desarrollamos un tipo de fe «aunque». Vivimos sabiendo que, en medio de un mundo roto, el Dios Todopoderoso está con nosotros.

UNA MESA EN EL CONFLICTO

El verso 5 del salmo 23 es uno de los más poderosos de toda la Escritura y vamos a insistir en este verso en círculos de expansión

EL DIOS TODOPODEROSO, TU BUEN PASTOR, ESTÁ AHÍ CONTIGO EN MEDIO DE LA DIFICULTAD.

---

durante gran parte del resto de este libro, así que quería que vieras primero algunas de las verdades que llevaron a este punto del salmo. En este versículo se encuentra un hermoso giro. ¿Recuerdas que dice que *Dios prepara una mesa ante nosotros en presencia de nuestros enemigos?*

Estoy seguro de que, si yo hubiera escrito ese versículo, lo habría hecho de forma diferente. Si Dios va a preparar una mesa para mí, bueno, eso es impresionante. Pero creo que debería ser una mesa para mí en *la presencia de Dios*. No en presencia de mis enemigos. Oye, vamos, Dios: si yo estuviera escribiendo esto, te pediría que reservaras una mesa junto a la ventana para que, mientras comemos juntos, pueda ver cómo asas a mis enemigos. Sácalos de aquí. No quiero que los enemigos estén cerca de mí cuando como y mucho menos cuando estoy comiendo el postre.

Pero no es así como se escribió el salmo 23:5. Dios ha preparado una mesa justo en medio de la batalla. Esa mesa está llena con la más rica de las comidas, y con buena comida para nosotros, pero esa mesa está puesta justo en medio de la sala de quimioterapia. Dios ha puesto los cubiertos y nos ha invitado a cenar con él; sin embargo, esa mesa está justo en medio de nuestra familia que está siendo separada. Esa mesa está justo en medio del estrés laboral. Está justo en medio de la tensión relacional. Está directamente en el centro de las dificultades y las discusiones, los malentendidos y las persecuciones, la depresión y la muerte. Sea lo que sea que estemos luchando, interna o externamente, la mesa está justo en medio del problema, en el epicentro del conflicto.

¿Puedes imaginarte esa mesa ahora mismo?

A veces la Biblia utiliza el término *mesa* como expresión figurada de la salvación, la paz y la presencia de Dios. Todo oyente judío sabría inmediatamente el significado de ser invitado a sentarse a la mesa de alguien, especialmente a la mesa del Señor. En tiempos pasados, antes de que Jesús se encarnara y fuera conocido personalmente como Salvador y Amigo, la presencia de Dios se representaba de diversas maneras. Una nube. El fuego. Un humo que llenaba una habitación. Al desarrollarse la historia del pueblo de Dios, Dios dio instrucciones para que se construyera un tabernáculo. Este era un lugar donde el hombre pecador podía reunirse con el Dios santo. Uno de los elementos que debía colocarse en el tabernáculo era una *mesa,* y en esa mesa debía colocarse el pan de la Presencia. «Sobre la mesa pondrás el pan de la Presencia, para que esté ante mí siempre» (Éxodo 25:30).

Hoy, el mismo Dios santo nos invita a cenar con él, y la invitación tiene un alto precio: Jesús. La redención se completa cuando los rebeldes están ahora en comunión con Dios, disfrutando del banquete de Dios. Fíjate en Isaías 25:6, donde «el Señor Todopoderoso preparará para todos los pueblos un banquete de manjares especiales». O en Lucas 13:29, donde «habrá quienes lleguen […] para sentarse al banquete en el reino de Dios».

Todos son bienvenidos a la mesa de la salvación de Dios. Pero la mesa descrita en el salmo 23:5 es una mesa de comunión. Es una mesa destinada solo a ti y al Buen Pastor. No te preocupes; no es exclusiva en el sentido de que solo una persona está invitada a esta mesa. Más bien, es exclusiva en el sentido de que todos los que son guiados por el Buen Pastor están invitados a cenar en esta mesa con Dios. El enemigo no es bienvenido a sentarse aquí. Si sigues a Cristo, entonces Dios ha preparado esa mesa para ti.

Bien, imaginemos juntos esta mesa. Dos asientos están colocados uno frente al otro. El Buen Pastor está de pie a un lado de la mesa. Tú estás en el otro. Antes de que ambos se sienten, primero toman el festín que se presenta ante sus ojos. Los detalles de tu mesa serán diferentes a los de la mía. Es la mesa del Señor, para ser claros, pero él está poniendo la mesa pensando en ti. En la mesa están todos los alimentos que te gusta comer. Buena comida. Comida sana. Comida abundante. Más que suficiente. No tienes que comerlo todo, no es una invitación a la gula. Es un verdadero festín que satisface tus anhelos más profundos. En la mesa está el tipo de comida que te hace sentir lleno y libre al mismo tiempo.

Tal vez la bandeja más cercana esté llena de fruta fresca. Un primer plato. Ves fresas calentadas al sol. Sandía sin pepitas. Uvas maduras. Manzanas crujientes.

Otra bandeja ofrece ensaladas. Hay lechuga romana crujiente cubierta con aceite de oliva extra virgen, queso parmesano finamente rallado, sal kosher y pimienta negra recién molida.

Los crujientes picatostes se cortan con pan de molde. ¿No te gusta la César? ¿Qué tal una ensalada de la casa, con tomates y pepinos frescos? A un lado hay una muestra épica de embutidos.

Un aroma celestial se eleva y atrapa tu nariz. Sobre otra bandeja está el plato principal. Para los amantes de la carne, se trata de un filete a la parrilla, dorado y ligeramente chamuscado por fuera y poco hecho por dentro. O trucha de arroyo recién pescada, si lo prefieres así. Para los vegetarianos, la pasta orecchiette con salsa de brócoli. O chiles rellenos asados. O deliciosas enchiladas de frijoles negros. Muy calientes. Con una hermosa guarnición.

¿He mencionado el postre? En la mesa hay una deliciosa tarta de queso de Nueva York. Tarta de manzana caliente con el más suave y cremoso helado. Tarta de terciopelo rojo. Brownies pegajosos. Donas glaseadas. Tarta de crema de coco.

¿Estás listo para comer?

Estás a punto de participar de la mesa pero, de repente, mientras tú y el Buen Pastor siguen de pie, detrás de las sillas, te das cuenta de que no estás solo. No hay nadie en la mesa excepto tú y el Buen Pastor, pero te rodea una multitud de personas. Ahora los ves. Son parte de lo que hace que esta mesa sea única, porque tus enemigos siguen estando a la vista. La gente que rodea la mesa no está contenta de que estés allí. Están frunciendo el ceño. Te insultan. Criticándote, diciendo cosas sobre ti que no son ciertas. Quieren socavar tus esfuerzos. Están llenos de odio. Algunos quieren apuñalarte por la espalda.

La gente que te rodea es representativa de tus dificultades. Tus problemas. Tu factor de estrés. Estás rodeado de calamidades, presión, ansiedad, adicción, divorcio, depresión, colapso familiar, todo tipo de dolor. Y entonces ocurre lo impensable. Justo en medio de toda la calamidad y la lucha, el Dios del cielo te llama por tu nombre y te dice: «Por favor, siéntate».

A estas alturas, uno pensaría que es obvio que aceptarías la oferta del Buen Pastor. Pero en la vida acelerada de hoy, ni tú ni yo podemos estar seguros. Es más probable que pongamos una gran foto en las redes sociales, una que nos obligue a pararnos en nuestras sillas para conseguir el ángulo correcto, y publicarla rápidamente en nuestros muros con la leyenda «Una comida increíble con mi Rey». Solo tenemos tiempo de tomar la foto mientras tomamos una taza de café para llevar y nos apresuramos a nuestra próxima cita. «¡Muchas gracias, Jesús! ¡Eres el mejor! Te quiero por ello. Todo esto es demasiado, de verdad. Tengo que ir a una reunión, pero con certeza te veré más tarde».

O las cosas podrían ser muy diferentes. Tú y el Buen Pastor podrían sentarse juntos.

«¿Tienes sed?». Pregunta mientras llena tu vaso con el agua más fresca.

Atónito y asombrado, tratas de procesar lo que está sucediendo. *¿El Dios del universo me está sirviendo un vaso de agua?* Muerdes una fresa. Te sirves un puré de patatas caliente con mantequilla. Hundes los dientes en el más jugoso de los filetes.

Esta es la imagen de la fe «aunque… yo…». *Aunque esté rodeado de enemigos, Dios ha preparado una mesa para mí, y me sentaré con él.*

Dios no es un tacaño. No tiene una mentalidad de escasez. Tiene una mentalidad de generosidad y todo sabe tan maravilloso como parece. Comes y comes y comes, y es una comida maravillosa. Es una experiencia que ocurre continuamente, momento a momento, por el resto de tu vida. Esta comida es el núcleo de tu relación íntima con Dios Todopoderoso. Él no promete eliminar el conflicto. Él no te ha quitado la realidad de los problemas. Pero ha prometido preparar una mesa para ti en presencia de tus enemigos.

Ten en cuenta, además, que a pesar de toda la deliciosa comida en la que te estás sumergiendo, la verdadera importancia de esta mesa no es lo que hay en ella. La maravilla de este banquete no es la comida.

Se trata de con quién estás en la mesa.

UNA COMIDA CON EL DIOS TODOPODEROSO

En las páginas siguientes hablaremos de los beneficios que cambian la vida cuando reconocemos y abrazamos todo lo que Dios nos proporciona en su mesa. Beneficios que son reales e importantes, tales como la victoria sobre el pecado y una mente sin vicios;

la liberación de las ataduras y la capacidad de tomar el control de nuestros temores. Sin embargo, es importante ver desde el principio que el beneficio final para todos nosotros no es algo que Dios nos da. Es Dios mismo. Ese es el poderoso mensaje que está en el corazón de este libro. Dios está sentado a la mesa con nosotros. Dios camina con nosotros por el valle de la sombra de la muerte. Estamos invitados a tener una relación con el Dios Todopoderoso.

Este no es un libro de autoayuda en el que te doy tres pasos para una vida sin dolor. Es un libro de adoración, en el que vemos a Jesús de maneras nuevas y bíblicas, y luego respondemos con asombro a Jesús, el Gran Rey. Vemos nuestra identidad enraizada y establecida en Jesús, y nuestras vidas cambian porque el Buen Pastor nos guía en cada paso del camino.

Qué fácil es para nosotros olvidar, o no saber nunca del todo, quién es realmente nuestro compañero de cena. ¿Sabes quién está en la mesa contigo? Detengámonos un minuto en esto para captar su peso, porque en 1 Timoteo 1:17 se describe a Dios como el «Rey eterno, inmortal, invisible, el único Dios».

Es quien está en la mesa contigo.

El apóstol Pablo, en Romanos 11:33 y 36, describió a su compañero de cena de esta manera: «¡Qué profundas son las riquezas de la sabiduría y del conocimiento de Dios! ¡Qué indescifrables sus juicios e impenetrables sus caminos! ... Porque todas las cosas proceden de él, y existen por él y para él. ¡A él sea la gloria por siempre! Amén».

Es quien está en la mesa contigo.

El antiguo líder espiritual Job describió a tu compañero de cena comparándolo con la inmensidad del espacio, con cómo la tierra está suspendida sobre la nada, y cómo Dios envuelve las aguas en sus nubes y puede cubrir la faz de la luna llena. Dios marca el horizonte y hace temblar las columnas del cielo; puede agitar el mar o soplar sobre los cielos para que se vuelvan hermosos. «¡Y esto es solo una muestra de sus obras», dijo Job. «¡Un murmullo que logramos escuchar! ¿Quién podrá comprender su trueno poderoso?» (Job 26:14).

Es quien se sienta a la mesa contigo.

Tu verdadera recompensa es estar cenando con Jesús. La maravilla y el poder del salmo 23:5 es que no es simplemente un bonito pasaje de la Escritura para bordar y pegar en la pared. ¡El Dios Todopoderoso está sentado en tu mesa!

Bien. La comida va muy bien. Solo están Jesús y tú. Estás festejando con él y disfrutando juntos de una relación sin impedimentos. Sabes que al otro lado de la mesa está el Gran Rey, y que él y solo él es tu verdadera y mejor recompensa. Sabes que él te ama. Pero como mencioné antes, alguien más, tu mayor enemigo, quiere entrar y está trabajando persistentemente, sigilosamente, para sentarse en esta mesa contigo. Esa persona definitivamente no está invitada, pero sabe que, si puede ganar la batalla de tu mente, puede destruirte.

TRES

¿TE IMPORTA SI ME SIENTO?

Todavía puedo sentir el sudor que se acumulaba en las palmas de mis manos.[1]

Era el cumpleaños de mi esposa Shelley y había planeado una cena especial en uno de sus restaurantes favoritos. Solo nosotros dos. Shelley tenía muchas ganas de salir esa noche, así que quería hacer todo lo posible para que fuera especial para ella.

Allí estábamos en nuestra cena perfecta. Una ciudad increíble. Un ambiente extraordinario. Comida excepcional. Solo nosotros, aunque estábamos sentados en una mesa para cuatro. A mitad de lo que fue una comida absolutamente estelar, un joven que no conocía pasó por allí al salir del restaurante y se quedó boquiabierto. «¿Louie Giglio?», dijo sorprendido. «¿Eres tú? No puede ser, no puedo creer que te haya encontrado aquí. Hace dos meses estuve en una conferencia en la que hablaste, ¡y Dios realmente impactó mi vida!».

Levanté la vista y dije: «Encantado de conocerte. Y es realmente genial escuchar que Dios te habló de una manera tan poderosa. Gracias por pasar a saludar».

«Encantado de conocerte también», dijo mientras continuaba hacia la puerta.

Shelley y yo retomamos nuestra conversación y seguimos disfrutando de nuestra cena. Pasaron unos minutos y vi que el mismo joven volvía a entrar en el restaurante y se dirigía directamente a nuestra mesa. Rápidamente busqué en la mesa unas gafas de sol, llaves o una cartera. Debió haberse olvidado algo sin querer cuando se paró a saludar.

«Oye, espero que esto no suene raro», dijo al llegar a nuestra mesa, «pero cuando salí para irnos y le dije a mi amiga que te había visto, me dijo: "Tienes que volver y hablar con él". Verás, he querido compartir contigo algo que Dios ha puesto en mi corazón desde aquella conferencia. E, inesperadamente, aquí estás. Nunca pensé que te vería. ¿Te importa si me siento?». Sin esperar una respuesta, se acercó a una de las sillas vacías de nuestra mesa.

«Oye, me encantaría escuchar lo que Dios ha hecho en tu vida», dije rápidamente. «¿Pero podemos encontrar otro momento para conectarnos? Es el cumpleaños de mi esposa y vamos a tener una noche especial. Vamos a seguir la conversación en otro momento, ¿de acuerdo?».

El tipo miró a Shelley y le dijo secamente: «Feliz cumpleaños». Luego, inmediatamente volvió a poner su atención en mí y comenzó a sentarse en la silla.

¡¿Qué?!

¿Alguien entiende lo que acaba de pasar? En ese momento no se me dieron buenas opciones. Fue entonces cuando las palmas de mis manos se pusieron sudorosas. La tensión me llenaba las tripas. Por un lado, podía invitar a este desconocido a la cena especial del cumpleaños de mi esposa. Solo los tres. Por otro lado, me preocupaba que lo que iba a decirle a continuación me hiciera parecer insensible.

El objetivo de esta historia no es mostrar lo que ocurrió en ese restaurante con ese tipo (superamable y bien intencionado, sin duda) ni cómo Shelley y yo intentamos desenredarnos de un momento incómodo. La cuestión es que todos analicemos detenidamente la velocidad del momento. Ese tipo tardó solo un milisegundo en sentarse en nuestra mesa, y lo mismo puede ocurrir para la rapidez con la que el enemigo puede sentarse en tu mesa. En menos de lo que tardas en chasquear los dedos, si no tienes cuidado, el enemigo puede sentarse en la mesa que tu pastor ha preparado para ti. De repente, ya no son solo tú y el Dios Todopoderoso en tu mesa.

Ahora eres tú, Dios y el diablo.

El enemigo solo necesita la más pequeña grieta. Una pizca de oportunidad. La más pequeña ventana de duda o incertidumbre.

EN MENOS DE
LO QUE TARDAS
EN CHASQUEAR
LOS DEDOS, SI NO
TIENES CUIDADO,
EL ENEMIGO
PUEDE SENTARSE
EN LA MESA
QUE TU PASTOR
HA PREPARADO
PARA TI.

Así de fácil, el diablo se sienta en *tu* mesa, empezando a ganar la batalla por tu mente.

RECUPERAR NUESTRA LIBERTAD

Hemos llegado a aceptar como algo normal que el enemigo esté sentado en nuestra mesa. Ese es un gran problema. Le damos permiso cada vez que decimos cosas como: «Oh, así son las cosas hoy en día. La ansiedad es parte de la ecuación. Todos estamos ansiosos y no hay nada que podamos hacer al respecto. Hoy la vida es muy caótica. Por supuesto que todos estamos estrangulados por la preocupación. Mira las noticias. ¿Por qué no iría a tener miedo?».

Del mismo modo, aceptamos la falsa narración sobre nuestras vidas de que *no valemos mucho para Dios*... o para cualquier otra persona. Creemos que la gente no nos entiende o que no nos valoran. O que están totalmente en contra de nosotros.

O nos cambiamos al otro punto de vista. Creemos que merecemos más, así que permitimos que la envidia, la codicia y la comparación distorsionen la identidad que Dios nos ha dado. Recorremos las redes sociales decididos a conseguir lo que otros tienen o, mejor aún, a conseguir más.

Más cosas. Eso es lo que necesitamos. Más amigos. Más capas de protección. Más «me gusta». O tal vez otra mesa. Después de todo, todos vivimos en una cultura corrupta, y lo sabemos.

¿Por qué estresarse por un poco de lujuria aquí, o un momento o dos de placer allí? Antes de que te des cuenta, hablas como el diablo y te quedas en los pensamientos que él quiere que tengas.

Así son las cosas, ¿no?

No. Permitir que el enemigo tenga voz y voto en nuestras vidas no debe ser normal. En el nombre de Jesús, podemos rechazarlo a él y a sus caminos. No necesitamos aceptarlos. Él nos lleva a pecados que nos dañan y ahogan la vida de esta generación, pero no tienen que permanecer en nuestras vidas. Romanos 8:10-12 dice que el mismo Espíritu Santo que resucitó a Jesús de entre los muertos vive dentro nuestro. Este mismo poder de resurrección está disponible para nosotros. Jesucristo ha roto el poder del pecado, y la invitación de Dios es que adoptemos una nueva mentalidad y forma de vida. En el nombre de Jesús debemos pensar en nosotros mismos como muertos al poder del pecado. En el nombre de Jesús no tenemos que dejar que la voz del enemigo controle nuestra forma de vivir. En el nombre de Jesús no tenemos que ceder a los deseos pecaminosos; podemos ganar la batalla por nuestras mentes. Gracias a Jesús, ya no somos esclavos. Somos libres. Estamos vivos. Somos hijos de Dios.

Mira, creamos un gran problema cuando captamos solo la primera parte del salmo 23:4 (andar por el valle) pero optamos por no recordar lo que viene después (la promesa de Dios de estar con nosotros en medio de las dificultades). Cuando acampamos en el valle y nos quedamos allí, centrados en las dificultades de nuestra vida, el enemigo nos incita a ir en otra dirección. Experimentamos pruebas o dificultades o persecución o soledad, y pensamos: «Bueno, ahora estoy en el valle de la sombra. Dios no me sacó de esto. Oré por tal y tal cosa, y Dios no respondió a esa oración de la manera que yo quería, así que voy a permanecer en el valle. Fui obediente a Dios, pero Dios no me recompensó como yo esperaba. Así que voy a recurrir al pecado en un esfuerzo por sentirme mejor».

¿Oíste eso? Es el sonido de una silla que se arrastra rápidamente por el suelo. Sigue siendo una mesa para dos, pero ahora ha aparecido un visitante no deseado.

TU VELOZ Y DESPIADADO ENEMIGO

Cuando este visitante no deseado aparece, suele ser tranquilo al principio. Incluso amistoso. Puede que no lo reconozcas cuando se sienta por primera vez. El diablo no llega con un tridente de neón brillante. No se sienta con un gruñido y amenaza con sacarte los ojos. No. Al principio, es simplemente otra persona sentada a tu lado, sirviéndose de tu pastel de chocolate, preguntándose en voz alta qué vaso de agua es el suyo, limpiándose sin querer la boca con tu servilleta.

Solo tarda un segundo. El inoportuno visitante se sienta con tanta rapidez y despreocupación que es difícil discernir su verdadero carácter. A menudo, parece estar de tu lado al principio.

Te promete aliviar tus problemas. En 2 Corintios 11:14 dice que Satanás «se disfraza de ángel de luz», lo que significa que el diablo rara vez se presenta a la mesa mostrando sus verdaderos colores: alguien cuyo único propósito es «robar, matar y destruir» (Juan 10:10). En cambio, el diablo toma la forma de alguien que es útil, alguien que parece tener tu mejor interés en el corazón, alguien que te ofrece un respiro de cualquier dolor que estés sintiendo.

Hola, ¿cómo va todo? podría preguntar. *¿Te va bien? No tienes muy buen aspecto. ¿Cómo va todo en el trabajo? Sinceramente, no sé cómo lo haces. Tu jefe es un idiota. Quiero decir, ¡eres un verdadero soldado por aguantar a ese idiota! Entonces, ¿cómo están las cosas en casa? ¿Siguen siendo difíciles? Hombre, te compadezco. En serio. ¿Te importa si me sirvo otro pastelito? ¡Estas cosas son deliciosas!*

Puede que incluso te cite las Escrituras. El diablo hizo eso cuando tentó a Jesús (Mateo 4; Lucas 4). Básicamente, el diablo le dijo a Jesús: «Mira aquí, este versículo sacado de contexto es la gran respuesta a lo que estás pasando. Aquí, este versículo será justo la respuesta a lo que necesitas».

Tu enemigo utilizará cualquier astucia disponible para introducir sus pensamientos en tu mente. Tal vez sea una película que miras, una serie de memes sutilmente influyentes que pasan por las redes sociales, o una conversación entre dos personas que sucede al alcance del oído. No estás seguro de cómo los pensamientos del diablo llegaron a tu mente, pero ciertamente están allí ahora. Te dará una patada cuando estés deprimido. Tal vez te sientas solo. O enfadado. O cansado. Siempre que te sientas agobiado o presionado, te vuelves más susceptible a la influencia del mal. En 1 Juan 2:16 se describe cómo tres elementos importantes en el kit de herramientas del diablo son «los malos deseos del cuerpo, la codicia de los ojos y la arrogancia de la vida». Eso significa que el diablo puede tomar cualquier cosa que el cuerpo desee naturalmente y usarla para dañarnos, estos son los malos deseos del cuerpo obrando. El diablo puede usar cualquier cosa que veamos y deseemos como parte de su trampa para llevarnos hacia la destrucción, esa es la codicia de los ojos. La arrogancia de la vida, en este caso, es un tipo de jactancia o fanfarronería o ambición dañina que nos hace tener demasiada confianza en nosotros mismos. El diablo también utilizará eso.

A menudo, el diablo se muestra empático. Así es como actuó con Eva en el jardín del Edén. Génesis 3 describe cómo el diablo, en forma de serpiente, incitó a Eva a cuestionar si Dios era realmente bueno. El diablo le mostró a Eva el fruto prohibido y le señaló lo hermoso que era. *Seguramente Dios te está ocultando algo, algo que realmente necesitas*, susurró el enemigo. Pronto Eva estuvo de acuerdo con el diablo, asintiendo con la cabeza, haciendo un gesto a Adán, empeñada en convencer a su marido y a sí misma de que el fruto «tenía buen aspecto y era deseable para adquirir sabiduría» (v. 6).

Sea cual sea la forma en que el diablo acceda a tu mesa, sus objetivos son siempre los mismos. Quiere acceder a tu mente para poder destruirte. Quiere entrar en tu cabeza para poder plantar pensamientos dañinos dentro de ti. Esos pensamientos crecerán sin control y se convertirán en acciones. Él quiere que tú seas superado por la maldad. Quiere robarte todo lo que es valioso. Quiere matar tu relación con Dios. Quiere causar división entre tú y las personas que te cuidan. El diablo no es gentil, no a largo plazo. «Desde el principio este ha sido un asesino» (Juan 8:44), y pone trampas a la gente para que queden sumisos a su voluntad (2 Timoteo 2:26). El diablo es despiadado y cruel, y siempre está rondando «como león rugiente, buscando a quién devorar» (1 Pedro 5:8).

Ese *quién* eres tú.

¿SE HA SENTADO EL ENEMIGO?

Con todas sus artimañas, puede ser difícil reconocer la voz del enemigo. Estaba rondando a Eva en el jardín del Edén. También rondaba la noche en que Jesús fue traicionado. No depende de nosotros el detener su acecho. Pero sí depende de nosotros evitar que se siente en nuestra mesa.

Quédate tranquilo: tienes el poder, como hijo o hija de Jesucristo, de ejercer una fe desafiante al susurro del diablo. Puedes decir: «En el nombre de Jesús, no voy a entretenerme con tus palabras, tus pensamientos, tu influencia».

¿Qué pasa si el diablo ya está sentado en tu mesa y ni siquiera has reconocido que está allí? ¿Es posible que te hayas acostumbrado tanto a los pensamientos negativos y a las emociones destructivas que ni siquiera te das cuenta de que el enemigo se está comiendo tu almuerzo?

¿Cómo sabes si el enemigo ya está sentado en tu mesa? Por las predominantes e implacables flechas de fuego que vuelan con furia desde el arsenal del diablo. Primero necesitamos reconocer esas mentiras y reconocer sus poderes destructivos en nuestras vidas antes de revelar cómo podemos extinguirlas en el nombre de Jesús.

CUATRO

MENTIRAS MORTALES

Crecí en una gran iglesia del centro de Atlanta. Cuando tenía doce años, recuerdo haber estado en la sala de la escuela dominical de los chicos de séptimo grado. Piso de linóleo marrón. Paredes de bloques de hormigón, también de color tostado. Sillas plegables de metal. Mapas de los viajes misioneros de Pablo en la pared. Una ventana con persianas siempre cerradas. Y en la pared más alejada, un gran cuadro del «manso y humilde» Jesús. ¿Saben a qué me refiero? Su rostro estaba pálido. Parecía que no había salido en mucho tiempo. Su túnica era perfecta. Su cabello era perfecto. Tenía un cordero lanudo sobre los hombros y un báculo en la mano, y Jesús miraba hacia la tierra eterna con una mirada lejana. Pero el Jesús de Olan Mills Portrait Studios no se parece en nada al real.

¡Es tu héroe! ¡Tu defensor! ¡Es el poderoso Hijo de Dios!

Cuando te enfrentas a la vida y a la muerte, cuando estás entre la espada y la pared, cuando las circunstancias están a punto de eliminarte y cuando el diablo te susurra mentiras al oído, necesitas saber que hay un Buen Pastor todopoderoso con una vara en una mano y un cayado en la otra. Ese es el Jesús del salmo 23. Por eso encontramos consuelo en su presencia. Con ese cayado, el Buen Pastor puede agarrarte y ponerte a salvo. Y con esa vara, puede aplastar a cualquier león que merodee o a un oso furioso que cargue contra ti.

El rey David, que escribió el salmo 23, se había enfrentado a un león y a un oso y los había vencido (1 Samuel 17:34-36). David entendió lo que Dios dijo cuando prometió estar con nosotros en el valle de sombra de muerte. Jesús está con nosotros ahí en medio de la presión, y no se queda parado con las manos en los bolsillos. Está ahí para rescatarnos cuando sea necesario, para protegernos a toda costa y para llenar nuestras copas hasta rebosar. Ya no tenemos que vigilar nuestros hombros. Dios nos prepara una mesa en presencia de nuestros enemigos. Jesús los vigila, nos protege, para que podamos mantener nuestra atención completamente fija en el rostro del Buen Pastor: Jesús, nuestro Salvador.

Sin embargo, como se mencionó, es estratégico ser capaz de detectar las mentiras del enemigo, no para que te enfoques en ellas, sino para que puedas evitarlas y fijar tu mirada hacia el

Buen Pastor. Cuando seas capaz de detectar las siguientes mentiras que vienen en tu dirección, podrás vencerlas y ganar la batalla
por tu mente con la verdad en el nombre de Jesús.

LA MENTIRA DE LA COMPARACIÓN

En primer lugar, si has escuchado recientemente que la otra mesa
es mejor, entonces puedes estar seguro de que el enemigo está en
tu mesa. La mesa de Jesús, la que él prepara para ti, es de vida y
vida en abundancia (Juan 10:10). Cualquier mesa que no sea la
de Dios es para robar, matar y destruir. Cuando el diablo se sienta
en *tu* mesa, a menudo señala otra mesa y habla de lo maravilloso
que es en otro lugar. Señala un lugar que no es la mesa donde está
Dios y te dice: «Eso que está allá, por ahí. Esa es la solución a tu
problema».

Verás, el diablo es del peor tipo de vendedor. Te dice exactamente lo que quieres oír y te muestra exactamente lo que crees
que estás buscando. No viene a la mesa y te anuncia que te va a
matar. Llega a la mesa con una oferta para seducirte. Pero en última instancia, no te está vendiendo la verdad. No te está vendiendo la vida. No. Te está vendiendo mentiras. Te está vendiendo la
muerte.

El truco de la comparación está entretejido en el argumento
del diablo de que es mejor en otra mesa. El diablo siempre te
dice que hay una mesa mejor en otro lugar. *Seguramente deberías*

dejar a tu cónyuge y salir con otra persona. La vida será mejor allí, ¿verdad? Esa es la solución a todos tus problemas. Si pudieras estar con otra persona. Seguramente deberías correr con esa otra multitud, la que no está sentada a la mesa con Dios Todopoderoso. Si pudieras abandonar todo lo que sabes que es verdad e ir a hacer lo tuyo por un tiempo, serías lo que quieres. Seguramente en otra mesa, una mesa sin comunión con Dios, hay más vida, más comida, más satisfacción, más alegría, más de lo que buscas.

No cedas a esa mentira. Al diablo le encanta que mires tu vida y la compares con la de otra persona para que desees tener lo que ellos tienen. Él mezclará un poco de celos, tamizará un poco de codicia, añadirá una pizca de *«ay de mí»* y lanzará unas líneas sobre cómo Dios debe amar a esa persona más que a ti. O sobre cómo Dios está bendiciendo a esa persona más que a ti. O sobre cómo seguramente Dios ha retenido algo que tú necesitas. Muy pronto el diablo te convence de que Dios no es bueno. Dios no te ha bendecido. Dios no te ama. Te perdiste de algo bueno porque Dios es malo o Dios se olvidó de ti o Dios te ha estado mintiendo todo este tiempo.

Lo llamamos el síndrome de que «la hierba es siempre más verde del otro lado del cerco». Si no estás firmemente sentado a la mesa con el Todopoderoso, si tus ojos no están fijos en los del Buen Pastor, entonces estás distraído por la tiranía de la comparación. Ojeando el horizonte a tu alrededor, ¿qué ves?

- Bob tiene una mejor posición en la empresa. Tomar algunos atajos le ha funcionado. Por eso él conduce un auto nuevo y tú luchas por comprarle a tu hijo adolescente uno decente. Por eso él y su mujer acaban de añadir esa lujosa piscina en su patio trasero con la cascada hecha de piedras.
- Mira a Jasmine. Cada posteo en sus redes sociales es perfecto. Sus hijos. Sus vacaciones. Su pequeño cobertizo que su marido, Ronnie, construyó detrás de su casa.
- Curt, el tipo que conociste en el gimnasio, finalmente dejó a su esposa, a su familia disfuncional y a su loca suegra, y está viviendo en Sonoma con una nueva chica. Parece tan despreocupado y feliz.
- Anita dejó la iglesia (y su trabajo de principiante en la compañía de teléfonos celulares) y está haciendo lo de las casas rodantes en Utah. Sin responsabilidades. Sin compromisos. Sin equipaje.

El enemigo pinta con maestría un cuadro de libertad que invita a ello. Está allí, donde la hierba es siempre más verde. Estos pensamientos de que puedes eludir los compromisos y salirte con la tuya no vienen de Jesús. Él viene a dar vida y a darla en plenitud.

¿Te estás alejando de lo que sabes que es correcto y bueno mientras lees estas palabras? ¿Estás pensando en abandonar lo que te has comprometido a hacer? ¿Estás a punto de hacer algo que sabes que es contrario a lo mejor de Dios? ¿Algo de lo que sabes que te arrepentirás? ¿O ya has dado el salto lejos de Jesús y estás descubriendo rápidamente que la «hierba más verde» no es tan verde como esperabas? Si es así, el enemigo está en tu mesa.

Pero no tienes que vivir así. Jesús te llama a su mesa, a tu mesa para dos. No le des al enemigo un asiento en tu mesa.

LA MENTIRA DE QUE ESTÁS CONDENADO

En segundo lugar, si te has creído la mentira de que no vas a salir adelante, el enemigo está en tu mesa. Esta voz te dice que la vida no tiene remedio. No hay salida. Es mejor dejarlo todo, abandonar y morir.

A menudo, cuando nos preguntan cómo van las cosas, contestamos con respuestas como: «Amigo, no sé si voy a poder superar esta temporada. No estoy seguro de que vaya a sobrevivir a este semestre. No sé si voy a poder superar este tiempo».

¿Te has escuchado alguna vez decir algo así? ¿De dónde has sacado esa forma de pensar? ¿Dónde escuchaste esas palabras de pesimismo y duda? No de tu Buen Pastor. Probablemente las escuchaste del enemigo en tu mesa.

Mira, tu Dios te acaba de decir que aunque camines por el valle de sombra de muerte, no tienes que temer ningún mal. ¿Has captado la palabra clave en esta frase: *Aunque ande…*? Tu Pastor no solo dijo que pasarás el valle sino que también lo vas a *atravesar*. En otras palabras, vas a lograrlo.

Esa es la fe «aunque… yo…» que se desarrolla en ti. Aunque los tiempos sean difíciles, la vara y el cayado de Dios están contigo. Aunque los tiempos sean difíciles, no estás solo. Dios sabe que estás pasando por un momento difícil. Él sabe que el camino es oscuro. Él no ha prometido librarte de los problemas. Él ha prometido estar contigo a través de los problemas. Hay una gran diferencia.

No encontrarás al Buen Pastor diciéndote que no vas a salir adelante. Nunca encontrarás al Buen Pastor diciéndote que la vida es inútil, que no hay salida. ¿Por qué no dejarlo todo, abandonar y morir? Esa no es la voz del Buen Pastor. El Buen Pastor dice: «*Vamos a atravesar este valle, y voy a estar contigo todo el tiempo. Y verás que vamos a tener una historia que contar al otro lado*».

Así es como Dios liberó a su pueblo de la esclavitud en Egipto. No construyó un puente sobre el Mar Rojo; abrió el mar para que pudieran atravesarlo. A menudo el plan de Dios no es construir un puente sobre las aguas turbulentas. Al contrario, su plan milagroso es darte la gracia y el poder para *atravesar* milagrosamente las aguas turbulentas. «Te abriste camino a través del mar y tu sendero atravesó las poderosas aguas, ¡una senda que nadie sabía que estaba allí!» (Salmos 77:19 NTV). Tú estás *atravesando* cualquier circunstancia por la que te encuentres actualmente. Y tu Pastor la está pasando contigo.

Es tan fácil querer reescribir el salmo 23 para que diga que nos sentamos a la mesa solo en presencia de Dios, y no también en presencia de nuestros enemigos. Los cristianos hablan de cómo aman la presencia de Dios y anhelan la presencia de Dios, y oran diciendo: «Señor, te pedimos que hoy estés con nosotros». Pero ¡adivina qué! Dios ya ha respondido con un sí a esa oración. «¿No se dan cuenta de que Cristo Jesús está en ustedes?», preguntó el apóstol Pablo en 2 Corintios 13:5. Tenemos una teología de la encarnación, lo que significa que Jesús vive en nosotros. Hay momentos en los que percibimos que Dios está a nuestro alrededor de una manera especial o sobrenatural. Pero no necesitamos recurrir a la nube o al fuego que el pueblo de Dios vio manifestarse en los días pasados.

Curiosamente, no hay ningún versículo en el Nuevo Testamento que nos anime a buscar o celebrar la «presencia» de Dios. ¿Por qué? Porque Dios se hace ahora visible (y durante los treinta y tres años que Dios estuvo en piel humana, tangible) en y a través de la persona de Jesús, que ahora vive en nosotros a través del Espíritu. Ya no busco la presencia de Jesús, sino la persona de Jesús. No busco la presencia del Espíritu Santo, sino que quiero la persona del Espíritu Santo y su poder. No busco la presencia de Dios, sino que tengo a Dios (Padre, Hijo y Espíritu) viviendo en mí.

Y Dios promete que está con nosotros en presencia de nuestros enemigos. Jesús está en la mesa con nosotros en el fuego, en las dificultades, en los sentimientos de desesperanza, en el mundo roto. Dios no elimina todas nuestras dificultades. Él nos permite caminar a través de las dificultades, y él camina a través de esas dificultades con nosotros.

¿Has creído alguna vez la mentira de que no tienes remedio? No estás carente de esperanza. Jesús vive en ti. No le des al enemigo un asiento en tu mesa.

LA MENTIRA DEL MENOSPRECIO

Tercero, si estás escuchando algo como: *no soy lo suficientemente bueno*, el enemigo está en tu mesa. Ahora, debemos tener mucho cuidado con esta mentira, porque las Escrituras nos llaman a ser humildes. Pero como bien se ha dicho: la humildad no es menospreciarte a ti mismo; la humildad es pensar menos de ti mismo. Fácilmente nos confundimos pensando que honramos a Dios cuando nos menospreciamos a nosotros mismos, pero nada está más lejos de la realidad. Tú has sido creado a imagen y semejanza de Dios. Esa asombrosa realidad no nos hace pavonearnos y desarrollar una personalidad tipo «todo se trata de mí». Pero tampoco nos deja revolcándonos en la miseria de «no estoy a la altura de nada». Estos dos resultados son a los que el diablo quiere llevarte. Ya sea a un ego sobreinflado o a un sentido subestimado de lo significativo y valioso que eres.

En este caso, me gustaría animarte si tiendes a gravitar hacia el último campo: simplemente no sientes que eres suficiente.

No importa lo que hayas logrado, o cuánta verdad de la Palabra de Dios hayas escuchado a lo largo de los años, simplemente no crees que eres suficiente.

Tal vez alguien te dijo que nunca llegarías a nada. O tal vez un cónyuge se alejó. Un padre te abandonó. O el hombre o la mujer adecuados que anhelabas nunca entraron por la puerta. Tal vez siempre has deseado parecerte a otra persona. O tener los dones que tiene un amigo. O tal vez un camión volcador de culpa se metió en tu historia en algún momento y descargó un montón de vergüenza sobre ti. Por mucho que lo intentes, por mucho que hagas, en tu mente nunca es suficiente. Y si tú te sientes así, seguramente todos los demás están de acuerdo. Oh, claro, son amables cuando están delante de ti, pero tú sabes cómo se sienten realmente.

Esta es la cuestión: tienes que saber que el himno «no eres suficiente» fue compuesto en el abismo del infierno. Es apabullante. Debilitante. Paralizante. Asfixiante. Eso no viene del Buen Pastor. Si lo escuchas y lo repites, debe haber un enemigo en tu mesa.

Esta mentira no es un reflejo de la verdadera humildad. Es un garrote que te golpea en la cabeza. Esta mentira te susurra que eres inútil. Nunca tendrás lo que se necesita. ¿Has sido llamado a liderar un grupo pequeño en tu iglesia? Esta mentira insiste en que no se puede hacer. ¿Has sido llamada a dirigir a tu familia con integridad, compasión, bondad y fortaleza como esposa y madre que sigue a Dios? Esta mentira te dice que no eres lo suficientemente buena; que nunca vas a llegar a nada, así que ni siquiera

EL SANTO TE
INVITÓ AQUÍ.
RESERVÓ LA
MESA. PREPARÓ
LA COMIDA.
SE SENTÓ PARA
ACOMPAÑARTE.
Y ESTA
RESERVA LE
COSTÓ TODO.

---

te molestes en intentarlo. ¿Crees que Dios te ama porque te creó y te llama su hijo amado? Esta mentira trata de convencerte de que eres un rechazado espiritual. Eres un pecador sin valor que siempre será un pecador sin valor. No eres hijo de Dios. Él te odia.

En vez de eso, mira al otro lado de la mesa. Mira por un momento al que está sentado frente a ti. ¿Ves desprecio y sientes vergüenza, o te fijas en las cicatrices de las manos que sostienen tu vaso de agua y en el cántaro que se levanta para llenarlo con una bebida refrescante?

Claro, Jesús es la santidad personificada, pero el Santo te invitó aquí. Reservó la mesa. Preparó la comida. Se sentó para acompañarte. Y esta reserva le costó todo.

En el hermoso cuadro comparativo que tenemos del Buen Pastor en Juan 10, la Escritura nos dice que Jesús «da su vida por las ovejas» (v. 11). Jesús lo ha arriesgado todo para sentarse a la mesa contigo. No le des al enemigo un asiento en tu mesa.

LA MENTIRA DEL YO CONTRA EL MUNDO

Hace poco hablé con un tipo que me dijo que acababa de dejar su trabajo. Le pregunté por qué. Dijo que todo el mundo lo odiaba en el lugar donde trabajaba. Mencionó la empresa y yo pensé que trabajaba en otra. «No», dijo. «Trabajé en esa otra empresa hace unos años. También dejé de trabajar allí. Todos estaban en mi contra».

Un tiempo después me enteré que había dejado a su esposa. Le pregunté qué había pasado y resumió su situación diciendo: «A sus padres nunca les gusté, desde el principio, y todos en su familia me odiaban».

¿En serio?, pensé.

Cuando te crees la mentira de que todo el mundo está en tu contra, estás convencido de que todo el mundo te odia. Todo el mundo en tu trabajo te odia. Todos en tu familia te odian. Todos en tu iglesia. Tus pastores. Tus profesores. Tus padres. Tus hijos. Tus amigos. Tus colegas. Tus vecinos. Incluso el camarero ha escupido en tu sopa.

Si escuchas una voz que te dice: «Todo el mundo está en contra de ti», el enemigo está sentado en tu mesa. Es la voz ilógica basada en el miedo, la paranoia, una voz que te anima a desconfiar de todos.

Ciertamente hay formas más sutiles de esta mentira. El enemigo es muy bueno sembrando semillas de duda, trabajando para socavar tu confianza en lo que Dios dice que es verdad sobre ti. Puede que no escuches exactamente la palabra *odio*, pero tal vez te estés escuchando a ti mismo decir palabras como estas: «Bueno, esa persona ni siquiera levantó la vista cuando entré en la oficina; apuesto a que no le gusto. Ves a esas personas que están hablando allí; te garantizo que están hablando de mí. Están tratando de atraparme. Mira a esa amiga, apuesto a que no quiere volver a hablar conmigo nunca más. No tengo ningún amigo.

Todos mis amigos hacen cosas sin mí. Nadie me invita a ningún lugar. No le agrado a nadie».

¿Cuál es la verdad? Bueno, es posible que alguien te odie. Claro, pero no es probable que *todo el mundo* esté en tu contra. Lo que es más probable si escuchas esa mentira es que tengas el puño cerrado y estés listo para atacar. En algún momento del pasado desarrollaste una postura defensiva, una naturaleza desconfiada, y ahora se ha convertido en tu defecto. Tus muros están levantados. Altos y gruesos. Algunos incluso podrían llamar a esos muros impenetrables. La gente te ha hecho daño en el pasado, así que no vas a permitir que se acerquen a ti nunca más. Has hecho un voto, ya sea verbal o tácito, de que vas a golpear a la gente antes de que te golpeen a ti. Vas a dejarlos antes de que ellos te dejen a ti. Vas a despreciarlos antes de que ellos te desprecien a ti. Eso es lo que suele haber detrás de esa mentira.

La verdad es que necesitas dejar que el Buen Pastor te guíe por aguas tranquilas. Necesitas dejar que él te haga recostar en pastos verdes. Necesitas pedirle a Dios que refresque tu alma y te guíe por caminos justos de sanidad y restauración por amor a su nombre. Puede que estés rodeado de presiones, problemas, incertidumbres y malentendidos, pero Dios ha puesto una mesa para ti en medio de todo esto. Dios cubre tu espalda. Jesús no es un debilucho con brazos endebles. Es el Señor de toda la creación. Toda la fuerza, el poder y la autoridad le pertenecen. Es el Rey del universo. Cuando Dios te guía a través del valle, puedes dejar de preocuparte por manejar todos los resultados. Puedes dejar de mirar por encima del hombro. Puedes quitarte los guantes de boxeo.

En la época en que recibí por primera vez el texto *No le des al enemigo un asiento en tu mesa*, estaba hablando en una conferencia en el extranjero. Algunos de los líderes de la conferencia y el equipo se reunieron para orar en una sala entre bastidores. Nos llevaron a mí y a otros que dirigían la siguiente sesión al centro de la sala. La gente nos rodeó e impuso sus manos sobre nosotros como una forma de conferir el poder y la provisión de Cristo sobre nosotros.

Cuando terminó el tiempo de oración, una mujer que no conocía se acercó a mí y comenzó a compartir en voz baja algo que sentía que se movía en su espíritu mientras orábamos. «Alguien está tratando de hacerte tropezar», me dijo. «Pero no te preocupes. Dios te cubre la espalda». Me dio escalofríos, dado que estaba a miles de kilómetros de casa y ni un alma allí sabía de la lucha que estaba atravesando en nuestra temporada de plantación de iglesias. Nunca he olvidado ese momento, y repito esa frase cuando siento que la marea se vuelve contra mí. *Louie, no te preocupes. Dios te cubre la espalda.*

¿Alguna vez te has dicho esa verdad, especialmente en un momento de tensión? Cuando tú y yo recordamos esa verdad, somos más propensos a dejar de lado cualquier temor, a desviar la atención de nosotros mismos y a abrir nuestras manos y nuestros corazones para ayudar a los demás.

La verdad de que Dios está a tu favor y no en tu contra, importa mucho. Si no crees esto, estás constantemente mirando por encima del hombro. Esta acción de mirar por encima del hombro comienza a crear una narrativa falsa, la imagen de un mundo en el que constantemente juegas la carta de la víctima. Echas de menos la libertad y el estímulo de aceptar el hecho de que la gente sí te quiere. Ser amado requiere que finalmente te pongas de acuerdo con Dios y llegues a amarte a ti mismo. Al principio da un poco de miedo si todo lo que has conocido es un enfoque tipo «yo contra todo el mundo». Pero no estás hecho para odiarte a ti mismo. Fuiste hecho para saber que eres amado.

Lo siento, pero no puedes reflejar la abundancia de todo lo que hay en tu mesa si andas con los puños cerrados. El salmo 23 continúa diciendo en el versículo 5: «Unges mi cabeza con aceite; mi copa está rebosando» (RVR1960). La parte de la cabeza ungida con aceite no tiene mucho sentido si no se sabe mucho sobre las ovejas. La mayor némesis para una oveja no era el lobo grande y malo (aunque los lobos eran una amenaza, sin duda), sino los pequeños parásitos y las moscas. Las moscas, pequeñas precursoras de agravios, intentaban poner sus huevos en el tejido blando de la nariz de la oveja. Qué asco. ¿Te imaginas intentar respirar con una cría de moscas en tus fosas nasales? Los parásitos se alojaban en la lana alrededor de los ojos y la cara de la oveja, causando enfermedades e irritación de la piel. Así que el pastor cubría la cabeza de la oveja con aceite.

El aceite proporcionaba un escudo protector que impedía que estos irritantes parásitos encontraran un refugio seguro en la lana alrededor de la cara y la nariz de la oveja. Dios, a través de su Palabra, quiere protegerte de las molestias, las mentiras y el engaño.

Pero hay algo más. Jesús quiere que tu vida refleje la abundancia de tu mesa. Quiere que tu vida rebose. La generosidad es la carta de invitación de todos los que cenan regularmente con el Rey. No acaparas las bendiciones de Dios. Repartes cenas con carne a todos los que te rodean. Incluso a tus enemigos. ¿Por qué? Porque puedes. Tienes más que suficiente en tu mesa. Puedes compartir generosamente con todo el mundo, incluso con aquellos que podrían odiarte. La generosidad es imposible con los puños cerrados. Solo puedes dar cuando tienes las palmas abiertas.

La mesa te permite cambiar la narrativa que dice: «Todo el mundo me odia, todo el mundo está en mi contra, por Dios está a mi favor, Dios me cubre la espalda». La generosidad de la mesa te convierte en un agente de amor para los que te rodean. Puede que algunos te rechacen. Pero te sorprenderá saber cuántas personas a tu alrededor también están esperando que alguien levante la vista y les tienda la mano con amor.

El Señor Todopoderoso está a tu favor. Así que todo el mundo no está en contra de ti. No le des al enemigo un asiento en tu mesa.

LA MENTIRA DE QUE NO HAY SALIDA

Si sientes que estás rodeado y que no hay salida, sabes que el enemigo está en tu mesa.

Esta es una mentira clásica del enemigo. Es la mentira suprema que combina varias de las que ya hemos tratado en este capítulo. El enemigo te convence de que no hay ningún lugar al que acudir. Ningún lugar al que huir. No hay manera de avanzar. No hay posibilidad de que vuelvas a vivir libre.

Las consecuencias de tus malas decisiones te acorralan por un lado, la traición de un amigo por otro. Tu reputación está frita. Vas a perder tu trabajo. No puedes volver a tu comunidad. No puedes confiar en nadie. Has jugado tu última carta. La presión es demasiado grande. Ríndete. Retírate del juego. Sal de la ciudad, o peor, termina con esta vida.

He pasado por suficientes tormentas como para conocer la dura realidad de esos sentimientos, así que no voy a pretender que seguir los consejos que te doy sea un juego de niños. Si sientes que estás rodeado y que no hay salida, tengo noticias que cambiarán el juego para ti: ¡*estás* rodeado! Pero es mejor de lo que crees.

Elías, venerado como uno de los profetas más poderosos de todo Israel, era un ungido hacedor de milagros que había hecho caer fuego sobre los profetas de los falsos dioses en el Monte Carmelo. Por orden de Dios, Elías transmitió la unción al joven Eliseo, un profeta y poderoso hombre de fe, y él también caminó con el poder de Dios.

En una época de conflictos y guerras, el rey de Aram se abalanzaba sobre Israel, tratando de hacer todo lo posible para destruir las ciudades y el pueblo de Dios. Pero Dios avisó a Eliseo de los planes del rey enemigo. «Y en varias otras ocasiones Eliseo le avisó al rey [de Israel], de modo que este tomó precauciones» (2 Reyes 6:10). El rey de Aram estaba enojado y quería que Eliseo muriera a toda costa.

Eliseo y su siervo habían viajado a una ciudad llamada Dotán. Cuando el rey de Aram descubrió que Eliseo era quien daba sus planes de batalla al rey de Israel, envió una fuerza masiva de hombres con carros y caballos para acabar con Eliseo. Llegaron al amparo de la oscuridad y rodearon la ciudad mientras Eliseo dormía.

El criado no durmió muy bien esa noche. Dando vueltas en la cama, cada sonido fuera del campamento le inquietaba. ¿Había alguien allí? ¿Estaba el peligro acechando? ¿Estaba Eliseo a salvo? Cuando amaneció, el sirviente ya estaba despierto. Salió a inspeccionar la escena y no pudo creer lo que vio. La ciudad estaba completamente rodeada. Los arameos habían encontrado la ubicación de Eliseo y se habían colocado en un anillo de asalto asfixiante durante la noche. No había forma de salir.

El sirviente se apresuró a despertar a Eliseo. «¡Ay, mi señor!… ¿Qué vamos a hacer?» (v. 15).

Eliseo tenía una opción. Enloquecer. Rendirse. O mirar hacia arriba. Eliseo eligió mirar hacia arriba y apoyarse en una fe «aunque… yo…». Él declaró: «Los que están con nosotros son más que ellos» (v. 16). Y luego oró. No por sí mismo. No por la liberación del ejército que lo perseguía. Eliseo oró por su siervo. Extraño, ¿no? ¿Por qué haría eso?

«Entonces Eliseo oró: SEÑOR, ábrele a Guiezi los ojos para que vea» (v. 17).

Se podría decir que el criado veía bien. Podía ver lo suficientemente bien como para reconocer carros de combate tirados por caballos a cien metros de distancia sin necesidad de lentes correctivos. Podía evaluar a los cientos de hombres y suponer que solo estaban Eliseo y él para enfrentarse a ellos. Podía ver lo suficientemente bien como para saber que estaban acorralados.

¿Qué es lo que Guiezi *no vio* que impulsó a Eliseo a hacer esta oración?

No vio que el ejército que rodeaba la ciudad estaba a su vez rodeado por el ejército de ángeles del Dios vivo.

«El SEÑOR así lo hizo, y el criado vio que la colina estaba llena de caballos y de carros de fuego alrededor de Eliseo» (v. 17). Estaban rodeados, sin duda. Rodeados por fuerzas de Dios que resplandecían con su gloria y poder.

Lo mismo sucede contigo y conmigo. Puede ser cierto que las circunstancias nos encierren. Los enemigos han tomado sus posiciones en la noche. Todo tu mundo está rodeado de amenazas, acusaciones, misiles y odio. Pero aquí está la cosa: esa es solo la mitad de la historia. La mitad que recibes del adversario sentado a tu mesa. Quiere que creas que estás condenado. Que no hay salida.

Pero el Espíritu de Dios intercede por ti: *Señor, abre sus ojos espirituales; Padre, haz que vea con los ojos de la fe.*

Dios tiene *rodeados* a todos y a todo lo que te rodea. No le des al enemigo un asiento en tu mesa.

DÓNDE QUIERES ESTAR

Cuando finalmente tomé la decisión de pedirle a Shelley que se casara conmigo, yo vivía en Fort Worth, pero volvía a casa, a Atlanta, para las vacaciones de Navidad. Shelley iba a volar a Atlanta desde Houston para pasar unos días con mi familia, y yo necesitaba un anillo.

Al estar en la escuela de posgrado y venir de una familia de clase media trabajadora, tuve que raspar y arañar para conseguir un diamante adecuado. Tuve una oportunidad cuando un amigo me puso en contacto con un vendedor de diamantes al por mayor en Dallas. Me gasté casi todo el dinero que tenía en una piedra preciosa. Pero era un diamante suelto y no tuve tiempo de engarzarlo en un anillo antes de volver a casa.

Cuando se compra un anillo de diamantes en una joyería, viene en una caja de terciopelo con tapa abatible. Pero si compras una piedra suelta a un importador, te llevas una gema preciosa envuelta en un pequeño trozo de papel encerado.

Unos días después, cuando me arrodillé con el diamante ya colocado en el anillo y lo extendí hacia Shelley, pidiéndole que pasara el resto de su vida conmigo, tenía en mis manos la posesión terrenal más valiosa que poseía. ¿Por qué? Shelley lo valía para mí.

Esa es la belleza de la mesa que Dios prepara para ti. Esa es la maravilla de aquel que te está esperando allí ahora mismo. Jesús no envió un mensaje o un mensajero para decirte lo valioso que eres. Él mismo vino. Él pagó el precio. Él es el premio. Ha esperado una eternidad (literalmente) para que te unas a él. Y está sentado frente a ti diciéndote que cree que lo vales.

Cuando el enemigo te diga que no eres lo suficientemente inteligente, que no eres lo suficientemente fuerte, que no tienes los antecedentes correctos, que no eres lo bastante bonita, que no importas lo suficiente… levanta la vista y mira al Rey. Escúchalo decir: «Hija, hijo, no hay ningún lugar donde prefiera estar más que en esta mesa contigo». Sus palabras son palabras de vida eterna (Juan 6:68). Su voz truena desde el cielo (Salmos 68:33). Su voz ahoga toda mentira del enemigo. Por su gracia, puedes empezar a tomar autoridad sobre las voces en tu mesa y echar al diablo de tu cena. Él tiene que huir en el nombre de Jesús.

CINCO

LA ESPIRAL DEL PECADO

Es necesario hacer ajustes.

Durante gran parte de la última década tuve el privilegio de servir en el ministerio junto a mi amigo Chette Williams, el capellán del equipo de fútbol americano de la Universidad de Auburn, un equipo al que he amado desde que era niño. Estar cerca del equipo, viendo la forma en que Chette servía y animaba a los jugadores, entrenadores y personal, era un sueño hecho realidad. Caminar al lado de estos jóvenes en los días buenos y en los difíciles fue un honor.

Mi papel era ser un amigo del equipo. Un apoyo. Sin embargo, como estudiante del juego, me gustaba especialmente estar con los jugadores y los entrenadores en el vestuario durante el descanso. Como aficionado en las gradas, no tienes la verdadera visión interna de lo que ocurre con el equipo. En el descanso, puede que estés alegre porque tu jugador favorito corrió un montón de yardas. O puede que te sientas confiado en una victoria sabiendo que tu equipo va ganando por tres *touchdowns*. Pero en el vestuario, ves que se está produciendo una poderosa recalibración en el equipo.

Los entrenadores tienen una visión multidimensional del juego. Están pendientes de la defensa y el ataque, y conocen al dedillo el libro de jugadas de su propio equipo. Pero también han estudiado al equipo contrario viendo innumerables horas de video de sus partidos anteriores. Conocen las tendencias del rival en cada situación. Los entrenadores entienden el panorama general.

Llega el descanso y los jugadores entran corriendo a los vestuarios. Toman agua y se comen unos rápidos tentempiés energéticos. Comienza el verdadero trabajo. El ataque y la defensa se agrupan en lados opuestos del vestuario. Los entrenadores proyectan diapositivas en la pared o dibujan en una pizarra, y uno de ellos dice: «Bien, siempre que estamos haciendo la jugada XYZ, ellos están ejecutando la defensa ABC contra nosotros. Ponen a estos dos tipos aquí, y a ese tipo allí, y parece que van a correr en esta dirección, pero en realidad están corriendo en esa dirección. Eso es lo que nos detiene. Esto es lo que vamos a hacer. Cuando ellos hagan el ABC, nosotros haremos el 123. Puede que hayamos jugado de una manera en la primera parte, pero así es como vamos a jugar en la segunda».

El buen entrenamiento (y la mayoría de las veces, la victoria) consiste en hacer los ajustes adecuados.

Considera este momento ahora mismo. Has sido creado a imagen y semejanza de Dios. Fuiste llamado a la grandeza. Eres obra de Dios, un hijo del Rey y Dios quiere liberarte de todo lo que te retiene. Dios quiere que vivas en el máximo potencial que tiene para tu vida. Es hora de que te tomes en serio la victoria ahora que Dios te ha dado la oportunidad de preguntar: «¿Cómo viene la oposición contra mí? ¿Qué me está haciendo el enemigo? ¿Qué ajustes se pueden hacer?». Tú puedes ganar la batalla por tu mente.

PENSAMIENTOS INCONTROLADOS

Es tiempo de ajuste. Examina sobria y francamente si le has dado al diablo un asiento en tu mesa. Considera lo que el salmo 23 te ha prometido, como hemos discutido: Jesús ha preparado una mesa para ti en presencia de tus enemigos. La presión de la vida está a tu alrededor, pero Dios Todopoderoso te ha invitado a sentarte y a cenar. Cada vez que permites al diablo sentarse, se abre paso a la cena que te pertenece solo a ti y a Dios. El enemigo comienza a devorar la vida abundante destinada a ti. Se come tu almuerzo, por así decirlo. Comienzas a dirigirte hacia el camino del pecado y la muerte.

La muerte, en este sentido, es la muerte espiritual, no la condenación eterna para los creyentes, sino la destrucción de la estrecha relación que se supone que debes disfrutar plena y profundamente con Dios. Las Escrituras son claras en cuanto a que nada te separa del amor de Dios (Romanos 8:38-39), pero los seguidores de Cristo pueden distanciarse de Dios si así lo desean. Si el diablo se sienta a tu mesa, el pecado puede llenar tu mente y agriar tu conciencia y arruinar la armonía íntima que disfrutas con el Señor. Con el pecado en tu vida, pierdes la paz, la eficacia, la confianza y la alegría. Las relaciones son tensas. No vives al máximo potencial que Dios te dio.

Para complicar las cosas, tus propios pensamientos y sentimientos pueden combinarse con el pecado y la tentación en una espiral que da vueltas y vueltas. Tal vez hayas notado la tendencia de la gente a repetir los mismos pecados. Tal vez lo hayas notado en tu propia vida. A veces la espiral es generacional, donde los patrones dañinos del comportamiento y las actitudes de tus abuelos fueron transmitidos a tus padres, y ahora los ves aparecer en tu propia vida y en la de tus hijos. Otras veces, la espiral es personal. Cuando la vida se pone difícil, volvemos a nuestros pecados conocidos, aunque sepamos que son perjudiciales. En cualquier caso, hay que romper la espiral. Por eso es útil que seamos conscientes de cómo funciona esta espiral para poder combatir las artimañas del enemigo (2 Corintios 2:11).

La espiral comienza así: una tentación o un pensamiento que no es de Dios llega a tu mente. Detente ahí mismo. Identifica esa realidad. Si un pensamiento dañino entra en tu mente, no es de Dios. Debemos estar despiertos a esto. Esos pensamientos son del enemigo, que a menudo utiliza nuestros propios deseos en contra nuestra. ¿Cómo? Santiago 1:13-15 describe el inicio de la espiral de esta manera: «Que nadie, al ser tentado, diga: "Es Dios quien me tienta". Porque Dios no puede ser tentado por el mal, ni tampoco tienta él a nadie. Todo lo contrario, cada uno es tentado cuando sus propios malos deseos lo arrastran y seducen. Luego, cuando el deseo ha concebido, engendra el pecado; y el pecado, una vez que ha sido consumado, da a luz la muerte».

Somos «atraídos» y «seducidos» por nuestros propios deseos. Eso significa que el enemigo tiene un plan para tu vida y la mía, y su plan es enterrarnos. Tú y yo no vivimos en el vacío, haciendo elecciones neutrales. Vivimos en un campo de batalla. Estamos estampados con la imagen de Dios y somos el objetivo del enemigo que utiliza nuestros propios deseos en contra nuestra, como dice Santiago. Nuestro enemigo odia a Dios y quiere destruir todo lo que pueda reflejar la imagen de Dios. ¡Sé consciente de esto! El enemigo quiere matar tus sueños. Quiere enterrar el propósito que Dios ha puesto dentro de ti. Quiere robar tu sentido de autoestima, confianza y esperanza. Quiere destruir tu matrimonio y erosionar tu relación con tus hijos. Quiere arruinar tu buena reputación y calumniar el nombre de Cristo en el proceso. Tiene todo el tiempo y no tiene piedad. La manera en que él va a llevarte por este camino de destrucción es poniendo un pensamiento en tu mente contrario a lo mejor que Dios tiene para tu vida y dejando que te atraiga y se encone.

A pesar de la intención maliciosa del enemigo, no quiero que tengas miedo o paranoia. En 1 Juan 4:4 dice: «El que está en ustedes es más poderoso que el que está en el mundo». Ese es un verso que debes recordar. Tampoco quiero que te obsesiones demasiado con el diablo, pensando que cada cosa mala que sucede en tu vida viene directamente de él. Si estás tratando de ir al trabajo por la mañana y tu coche no arranca, lo más probable es que no llegues antes al trabajo por echar a Satanás del motor de tu coche. Lo que necesitas son unos cables de arranque. Es solo una batería muerta.

Pero tampoco puedes ir por la vida con anteojeras, pensando que el mundo es un lugar neutral. Tienes un enemigo real, y él está poniendo pensamientos dañinos en tu cabeza todo el tiempo, con el objetivo final de aniquilarte. Una de las formas más importantes que utiliza para hacer eso es con pensamientos incontrolados. Eso es lo que hay que detener. Es por eso que necesitamos este ajuste de medio tiempo.

LECCIONES DE PESCA

El pecado puede parecer muy bueno al principio. Incluso útil. Somos propensos a creer que los pensamientos tentadores son una solución a las presiones que enfrentamos. Pero cuidado.

Sabemos por Ezequiel 28:12-17 que Satanás era originalmente un ángel de alto rango que se rebeló contra Dios y fue expulsado del cielo. Isaías 14:12 describe cómo Satanás fue arrojado del cielo como una estrella que cae a la tierra. Tu enemigo es alguien a quien hay que tomar en serio, y su naturaleza es engañosa y equívoca. Génesis 3:1 describe al maligno como «más astuto» que cualquier otra cosa creada. Eso significa que es astuto, engañoso y fraudulento. Es el equivalente espiritual a un juego de trileros: al principio te muestra dónde está escondida la bolita debajo del vaso y luego desliza los vasos para que siempre salgas perdiendo.

El diablo nunca entra por la puerta principal de tu vida anunciando que te va a destruir. No te muestra una imagen de ti mismo dentro de dieciocho meses viviendo solo en una habitación alquilada porque has perdido tus relaciones más confiables. No dirige tu atención a una presentación de PowerPoint con planes claros, paso a paso, de cómo va a llevarte a tu destrucción. En vez de eso, se cuela por la puerta lateral. Te atrae y te seduce. Es como pescar.

Nunca te subirías a tu bote, remarías hasta el centro del lago y sacarías un megáfono: «¡Atención! ¡Hola, peces! Escuchen. Voy a lanzar un anzuelo afilado por la borda. Tienen que morderlo. Voy a tirar del sedal con mucha fuerza, lo voy a enrollar y arrancaré el anzuelo con un alicate. El anzuelo tiene una púa en su extremo, y tu boca va a ser un desastre. Te voy a meter en una caja de hielo. Te llevaré de vuelta a la orilla donde te rasparé las escamas, te sacaré las entrañas y te freiré al fuego en una sartén con mantequilla. ¿Alguna pregunta? ¡Vamos!».

No. Cuando vas a pescar te vuelves astuto. Compruebas la temperatura y la velocidad del viento y la disposición de la sombra en el agua. Consultas a otros pescadores, sacas tu caja de aparejos y seleccionas el señuelo perfecto para el lago y el tipo de pez. El anzuelo nunca es evidente. Nunca da miedo. Los señuelos son brillantes. De colores brillantes.

Dan vueltas. Anuncian: «¡Almuerzo gratis!» y «¡Aquí hay algo muy rico!». El pescador quiere hipnotizar a un pez. Quiere tentarlo. Necesita que el pez persiga el deslumbrante señuelo, con los ojos y la boca bien abiertos. El pescador nunca anuncia el anzuelo. Anuncia la recompensa. Su gran objetivo es conseguir que el señor Lobina Negra pique.

El diablo tiene la caña de pescar. Tenemos que estar constantemente atentos a los señuelos del diablo. Cuando esa tentación o pensamiento dañino se nos presenta, probablemente no va a parecer malo, no al principio. Al principio promete algo bueno. El pecado ofrece una solución. El pecado garantiza alivio. Si estás deprimido, el pecado te levanta. Si estás atascado, el pecado te muestra la salida. Si te sientes miserable, el pecado te promete consuelo. Si estás indignado, el pecado te ofrece la justicia perfecta. Si te sientes solo, el pecado se convierte en tu mejor amigo.

Todo es mentira.

Toda esa bondad fingida, todas esas falsas soluciones, todo el alivio, toda la comodidad, toda la justicia, toda la camaradería.

Todas esas promesas no tienen sentido. El pecado no es tu amigo, y el pecado no es tu compañero. El pecado no está de tu lado. El pecado no te cubre la espalda. El pecado nunca es el elixir mágico que dice ser. El pecado es un espejismo, que siempre promete demasiado y no cumple.

El enemigo trabaja en tu vida tentándote y mintiendo. Promete cosas que no puede cumplir. Desafía la verdad de Dios. Ataca el carácter y las intenciones de Dios. El enemigo dice cosas como: «Seguramente Dios te está ocultando algo, no puedes confiar en él». Esencialmente le dijo a Eva: «Si comes de esta fruta, tus ojos se abrirán; serás como Dios». El enemigo apela a tus necesidades humanas básicas. Todos tenemos la necesidad de ser aceptados, valiosos, satisfechos, realizados y felices. El enemigo constantemente tiene un señuelo y ofrece una mentira: «Oye, esto va a satisfacer tus necesidades. Dale un mordisco. Te mereces ser feliz».

Mezclado con esto, el enemigo a menudo utiliza a otras personas para alentar nuestras decisiones precipitadas. A veces tenemos que cambiar nuestro círculo de amigos porque tienen la costumbre de desplegar la alfombra roja para nosotros cuando se trata de hacer cosas tontas. Tal vez estás en el ascensor con las personas equivocadas. En lugar de llevarte a las cosas de Dios, te llevan al sótano de la derrota porque ahí es donde están viviendo. La miseria ama la compañía. Y la gente miserable quiere que los que le rodean fracasen, que no tengan éxito.

No caigas en las mentiras. No persigas al señuelo. No le des al enemigo un asiento en tu mesa.

COMBATE CUERPO A CUERPO

Necesito aclarar que cuando un pensamiento dañino o una tentación entra por primera vez en tu mente, eso no es pecado, no en sí mismo. Jesús fue tentado. El enemigo le envió pensamientos dañinos. El diablo en realidad le habló a Jesús en el desierto (Mateo 4:1-11), y Jesús escuchó las palabras del diablo, sin embargo, Jesús nunca eligió escuchar la voz del diablo. Cuando un pensamiento dañino o una tentación viene a nuestra mente, tenemos una opción. Podemos descartar ese pensamiento o mantenerlo. Si lo descartamos, bien. Pero si lo dejamos, es cuando el diablo se sienta a nuestra mesa. El pecado ocurre cuando mantenemos ese pensamiento dañino y dejamos que eche raíces en nuestra mente.

Jesús enseñó esto en el Sermón del Monte. Todo tipo de personas tenían pensamientos nocivos, aunque no actuaban según esos pensamientos. Pensaban que todo estaba bien. Pero Jesús vino y lo echó por tierra en Mateo 5:21-22 y 27-28. Les dijo: «Oigan, ustedes creen que están bien porque no están asesinando a la gente. Bueno, ¡adivinen qué! Si simplemente odias a alguien lo suficiente como para quererlo muerto… eso es tan malo como el asesinato. Puedes pensar que estás bien porque no estás en la cama con alguien con quien no estás casado, pero ¿adivina qué? Si simplemente te imaginas en una relación ilícita con alguien, eso también está mal. Estás cometiendo un pecado con esa persona en tu corazón».

Mantener un pensamiento dañino es tan malo como hacer una acción dañina. Esto es clave porque es demasiado fácil pensar que no estamos pecando simplemente porque no estamos actuando sobre un pensamiento pecaminoso. Este es el hecho: el pensamiento en sí mismo no da la gloria a Dios. Cuando lo mantenemos, ese pensamiento enturbia nuestra relación con el Señor. El pensamiento en sí mismo ocupa nuestra mente y tiene el poder de desviarnos del camino. Romanos 12:2 da esta dura advertencia: «No imiten las conductas ni las costumbres de este mundo, más bien dejen que Dios los transforme en personas nuevas al *cambiarles la manera de pensar*. Entonces aprenderán a conocer la voluntad de Dios para ustedes, la cual es buena, agradable y perfecta» (NTV, cursiva añadida).

La aterradora realidad es ésta: una vez que dejamos que un pensamiento dañino se instale en nuestra mente, finalmente esa tentación se llevará a cabo.

Punto.

A veces la gente insiste en que los pensamientos dañinos no siempre conducen a acciones dañinas, pero yo no estoy de acuerdo. Las acciones dañinas siempre comienzan con pensamientos dañinos, y los pensamientos dañinos, alojados a lo largo del tiempo, siempre conducen a acciones dañinas. Hay que detener esos pensamientos. Si esos pensamientos se mantienen el tiempo suficiente, ganarán la batalla por tu mente.

A veces, realmente haremos la cosa dañina en la que estamos pensando, mientras que otras veces el cambio es simplemente que cambia nuestra actitud hacia la elección pecaminosa. Poco a poco nos vamos acercando al pecado. De cualquier manera, los pensamientos dañinos nos han llevado a ser influenciados negativamente. Si piensas en cometer adulterio, tal vez realmente lo cometas. O quizás, después de imaginarte repetidamente cometiendo adulterio, estás más dispuesto a concluir que el adulterio no es tan malo. El adulterio es beneficioso. El adulterio te abre puertas. El adulterio es la solución a tus problemas matrimoniales. Todo es mentira.

Porque esto también es verdad, y por eso las trampas del enemigo son tan peligrosas: el pecado suele sentar bien. Solo por un momento. A menudo nos saltamos esta parte de la historia en la iglesia, pero es necesario contarla para que seamos conscientes de los planes del enemigo. El pecado puede ser divertido, al menos por un tiempo. Proverbios 14:12-13 lo dice claramente. «Hay una forma de vida que parece inofensiva, pero mírala de nuevo: lleva directamente al infierno. Es cierto que esas personas parecen divertirse, pero toda esa risa terminará en angustia» (El mensaje, paráfrasis). ¿Me dan un amén? Esa descripción en Proverbios suena como los fines de semana de muchas personas.

Hombre, nos reímos mucho, lo estábamos pasando muy bien, pero a la mañana siguiente me sentí muy mal.

Moisés creció como hijo de la hija del faraón. Tuvo toda la oportunidad de disfrutar de los privilegios de la vida en el palacio egipcio. Sin embargo, Hebreos 11:25 dice que Moisés eligió no «disfrutar de los efímeros placeres del pecado». Se fue en la otra dirección. Los placeres del pecado son agradables, pero no son placeres *duraderos*, y ciertamente no son placeres que honren a Dios. Los placeres pecaminosos no proporcionan paz ni satisfacción. Conducen al daño, a la separación, a la decepción y a la vergüenza.

Así es como funciona. El diablo te muestra un señuelo. Tú muerdes el anzuelo, pero no te da lo que te prometió. En vez de eso, terminas en una espiral de pecado hacia la vergüenza, la separación y la destrucción.

EL PECADO NUNCA ES LA SOLUCIÓN

A veces la gente dice que detesta ir a la iglesia porque allí le hacen sentir culpable. Pero la gente no se siente mal porque un predicador se lo diga. Se sienten mal por sí mismos. Dios nos ha creado para ser como él, y cuando fallamos en el objetivo, un efecto negativo ocurre en nuestra alma. Cuando pecamos, nos sentimos frustrados. Culpables. Avergonzados. Es porque no estamos a la altura de lo que Dios quiere que seamos. La frustración a menudo se encuentra dentro de nosotros mismos. Apretamos los dientes y musitamos: «Hombre, no puedo creer que hice eso otra vez. No puedo creer que haya ido allí de nuevo».

Es esa loca espiral en funcionamiento. Empezamos sintiendo algún tipo de pérdida o experimentando algún tipo de problema. No nos sentimos bien. Buscamos alivio. El enemigo estaba cerca, moviéndose rápidamente. Vimos la fruta prohibida que nos ofrecía. La fruta no parecía mala. Reflexionamos sobre la idea durante un tiempo, y quizás nos preguntamos por qué Dios nos ocultó esa fruta en primer lugar. Tal vez Dios no nos amaba después de todo. Así que pusimos en práctica nuestros pensamientos y mordimos la fruta. La fruta tuvo un buen sabor durante un breve momento. El trozo se deslizó por nuestra garganta, y entonces nos dimos cuenta de que estábamos desnudos. Nos avergonzamos de lo que habíamos hecho.

Así que estamos de vuelta en donde empezamos. Sintiendo que perdimos algo. Viviendo algún tipo de problema. No nos sentimos bien. Solo que ahora, esa miseria se ve agravada por la vergüenza. Nos sentimos peor que antes.

Permíteme exponer este patrón claramente. Si te sientes mal y pecas en un intento de sentirte mejor, cualquier dolor que sientas ahora seguirá ahí mañana por la mañana, solo que peor. Si recibes una mala crítica de tu supervisor, eso duele. Pero si crees que la solución es emborracharte, ¿adivina qué? El aguijón de esa crítica seguirá estando ahí mañana por la mañana. Además, estarás de resaca y con un dolor de cabeza de muerte.

En ese momento de miseria, suele producirse una vuelta más de la espiral. Después de que ocurre el pecado, cuando nos sentimos miserables y avergonzados, el enemigo cambia de táctica. Hasta ahora, te ha estado susurrando: «¿Ves el fruto? Toma la fruta. La fruta se ve bien, ¿no es así? Dios te ha estado negando esta fruta. Dios nunca dijo que no debías comer esta fruta. Te prometo que si comes esta fruta, esto va a resolver tu problema». Pero tan pronto te comes la fruta y te encuentras con la culpa, la vergüenza y la frustración, el enemigo cambia de papel. Pasa de ser el seductor y prometedor a convertirse en acusador y condenador.

Ahora empieza a acosarte. Te dice que eres la persona más tonta que ha visto. Insiste en que eres el peor ejemplo de cristiano que haya existido. *Si alguna vez hubo un cristiano que no entiende las cosas, ese eres tú. No tienes remedio. Eres un fracaso completo. Hombre, esta vez sí que has metido la pata. Dios te odia. Está enojado contigo. Idiota. Estás tan lejos, que nunca volverás. Veamos una repetición de lo que acabas de hacer, ¿de acuerdo? Es divertidísimo porque eres patético.*

Con demasiada frecuencia dejamos que nos acuse. Sabemos que hemos hecho lo malo, así que nos limitamos a murmurar nuestro acuerdo junto con el enemigo. El mismo enemigo que una vez nos sedujo con una promesa, ahora nos aplasta con una acusación, y estamos de acuerdo con él. *Así es. He vuelto a meter la pata, y lo sé. Sé que soy patético.*

En cambio, deberíamos gritar: «¡Cállate! Tú eres el que trató de convencerme de que esto era una gran idea. ¡Ya he terminado contigo! Soy un hijo de Dios, una nueva creación, y aunque peque, estas realidades no cambian». Mira, si el enemigo puede acusarte de pecado, puede condenarte, y este es el golpe definitivo. Cuando llega al punto de condenar, el enemigo acaba de pronunciar un juicio sobre ti. *Eres indigno. Estás acabado. Eres un completo fracaso. No tienes más valor. Ya no eres valioso. No tienes más futuro.*

Eso es lo que el enemigo quiere hacer contigo. Quiere reducirte a escombros. Si puede acusarte, puede condenarte. Y si puede condenarte, puede destruirte. «El pequeño y débil cristiano acaba de pecar de nuevo», susurra, frotándose las manos con regocijo. «Que venga la bola de demolición».

Aquí hay una buena noticia: una gran diferencia entre Dios y Satanás es que el enemigo te condenará, pero Dios te convencerá. Hay un mundo de diferencia entre las dos acciones. La condena se hace desde una postura de odio. El convencimiento se hace desde una postura de amor.

ESTA VEZ VA A SER DIFERENTE

Cuando luchamos en el pecado, Dios no toma nuestro pecado de manera neutral. Él nos convence de nuestros defectos, pero solo lo hace porque se preocupa por nosotros. Nos ama tanto que no quiere que sigamos por un camino dañino. Si sientes la necesidad de dar un giro en tu forma de pensar, estás sintiendo la necesidad del arrepentimiento, ese impulso viene de Dios. Dios anhela restaurarte. Pero si sientes que no vales nada y que es mejor que abandones y renuncies, que no tienes esperanza y que eres un fracaso completo, ese pensamiento viene del enemigo. Tienes que tener cuidado de escuchar la voz correcta. Así es como se ven estas dos voces:

La condena proviene de la culpa.
La convicción nace de la gracia.

La condena te lleva a ocultar tu pecado.
La convicción te insta a confesarlo.

La condena provoca remordimientos (te sientes mal por lo que hiciste).
La convicción te llama al arrepentimiento (un giro de ciento ochenta grados).

La condena te impulsa a volver a dedicarte.
La convicción exige una entrega total.

La condena es un camino hacia el fracaso futuro.
La convicción es una autopista hacia el cambio real.

Crecí en una cultura espiritual en la que las «rededicaciones» eran la norma. Tal vez tú también lo hiciste. Si no estás familiarizado con lo que me estoy refiriendo, esto es lo que era común en el campamento de jóvenes y en las reuniones de la iglesia. Después del mensaje, la música sonaba, el coro cantaba y el predicador hacía una invitación para que alguien se convirtiera. Esperaba un rato, si nadie se acercaba, entonces la música seguía tocando y el coro seguía cantando, y él daba otra invitación para que cualquiera que quisiera rededicar su vida a Dios se acercara. Por lo general, conseguía un par de personas en ese momento. Si era la cuarta noche del campamento juvenil, el altar se inundaba de gente y de lágrimas.

El llamamiento a la rededicación era bienintencionado. El predicador estaba reconociendo que la gente se extravía y que la gracia de Dios proporciona segundas oportunidades. Si te has extraviado, siempre hay esperanza para ti. Puedes volver a Dios. Las personas en los bancos que se acercaron a rededicar sus vidas estaban reconociendo la misericordia de Dios. Eran creyentes, pero habían pecado y no habían alcanzado la gloria de Dios. Ahora buscaban el arrepentimiento y la restauración. Eso era bueno.

Pero no soy fan de las rededicaciones. ¿Por qué? Porque más de una vez he avanzado y le he prometido a Dios que esa iba a ser la última vez, pensando de alguna manera que con la emoción del momento tenía la fuerza para cambiar mi historia por mí mismo.

LA CONDENA
ES UN CAMINO
HACIA EL
FRACASO
FUTURO.
LA CONVICCIÓN
ES UN CAMINO
HACIA EL
CAMBIO REAL.

He estado en ese servicio de la iglesia. He estado en ese grupo de jóvenes. He estado en ese retiro. He escrito mis pecados en un papel y los he arrojado a la hoguera o los he clavado en una cruz levantada en el campamento. He trazado una línea en la arena con un palo y lo he roto como Cristo rompe el yugo del pecado.

¿Has hecho alguna vez algo parecido? Tal vez no fue en un retiro o una conferencia. Tal vez solo te pusiste de rodillas y dijiste: «Querido Señor, te prometo que si me perdonas esta vez, nunca, jamás, volveré a cometer ese pecado». Luego te levantaste y suspiraste con alivio. Uf, volviste a dedicarte. Luego, a la semana siguiente, te pusiste de rodillas otra vez y dijiste: «Señor, sé que la última vez dije que no volvería a hacer eso. Bueno, lo hice. Pero las cosas son diferentes ahora. Lo prometo. Esta vez lo digo en serio. Si me perdonas una vez más, te aseguro que esta es la última vez».

No estoy criticando la cultura eclesiástica que formó mi juventud. Pero estoy desafiando a que echemos un vistazo largo y duro a la cultura de la rededicación, porque es demasiado fácil caer en el patrón de la rededicación de la rededicación. El pecado ocurre y prometes que las cosas van a cambiar. Aprietas los dientes y pides perdón a Dios, y prometes que las cosas van a ser diferentes la próxima vez. Pero entonces vuelves a caer. Entonces te levantas, te sacudes el polvo, confiesas tu pecado y vuelves a dedicar tu vida. *Lo prometo. Lo aseguro. Lo garantizo. Me comprometo. Tienes mi palabra, Dios. Esta es la última vez. ¡Sinceramente!*

Las rededicaciones suelen estar repletas de la promesa imposible de que no volveremos a pecar. El gran problema de las rededicaciones es que pueden reflejar nuestros esfuerzos por limpiar nuestra propia vida. Hacemos el voto. Hacemos la promesa. Prometemos a Dios lo que haremos para cambiar. Y, lo siento, pero nuestras serias promesas no son lo suficientemente buenas para causar un cambio duradero. Aquí hay un gran peligro: rededicamos nuestras rededicaciones tan a menudo que llegamos al punto de la desesperanza. Concluimos que nada va a cambiar. Algo debe estar mal con el evangelio. O algo debe estar mal con nosotros.

Demasiados cristianos abandonan la iglesia justo ahí. *La fe no funcionó, así que voy a abandonarla. Dios no me cambió, así que olvídate de Dios.* En el fondo de la espiral, nos encontramos vulnerables, débiles y aislados. Nos sentimos vacíos y desesperados. Así que nos escondemos. Nos escondemos de nuestros amigos. Nos escondemos de Dios. Nuestro objetivo no manifestado (y no es nada nuevo) es la falsa esperanza de volvernos invisibles para Dios. Él está caminando bajo el fresco de la tarde en el jardín del Edén, anhelando hablar con nosotros como lo ha hecho en el pasado, pero vamos a escondernos con hojas de higuera en un frágil intento por evitarlo. Si Dios está caminando en una dirección, nosotros vamos en la otra.

Esconderse es una de las peores cosas que podemos hacer. Si te escondes de Dios, has caído en otra artimaña del enemigo. Él está en tu mesa y ya se ha comido la mayor parte de tu comida.

Estás sintiendo todos los síntomas de la desnutrición y el hambre en tus emociones, tus relaciones y tu espíritu. El anhelo insatisfecho que te metió en el lío, en primer lugar, se expone de nuevo. Necesitas amor. Necesitas paz. Necesitas comprensión. Necesitas valor, significado, propósito y plenitud en tu vida. Vuelves a estar donde empezaste. Es entonces cuando el enemigo vuelve a poner su brillante señuelo de pesca delante de ti y te dice: «Oye, necesitas un poco de placer. ¿Recuerdas lo bien que te sentiste, al menos por un momento, la última vez que recorrimos este camino? Hagámoslo de nuevo». Aquí viene el mismo pensamiento dañino intentando montar una tienda en tu mente. No, la solución no es otra reedición.

La solución es la rendición.

La rendición llega cuando levantamos las manos y decimos: «Dios, obviamente no puedo hacer nada para cambiar esta situación. Pero Jesús, tú puedes. No me esconderé más de ti. Voy a abrir mi corazón a tu amor, a tus soluciones y a la obra escrutadora y restauradora del Espíritu Santo. Voy a seguir tu liderazgo, Jesús. Has terminado la obra en la cruz y finalmente has ganado esta guerra. Puede que me queden batallas por librar, pero tú has establecido la victoria para mí. Gracias a tu victoria, puedo seguir adelante. Voy a abrirme al duro trabajo de permitir que tú obres el cambio en mi vida. Voy a orar esto con el poder que Dios usó para resucitarte de entre los muertos. Eso es lo que quiero, te entrego mi vida y este problema en particular».

Este es el poder de la resurrección en acción y así es como Dios nos invita a la victoria. Es una noticia fantástica. Jesús hace posible que rechacemos la espiral de la tentación y el pecado. La promesa de Dios para nosotros se encuentra en 1 Corintios 10:13: «Ustedes no han sufrido ninguna tentación que no sea común al género humano. Pero Dios es fiel, y no permitirá que ustedes sean tentados más allá de lo que puedan aguantar. Más bien, cuando llegue la tentación, él les dará también una salida a fin de que puedan resistir».

Piénsalo por un momento.

Dios te proporcionará una salida.

Esa es la verdad fundamental. Una promesa del Dios Todopoderoso. No necesitamos permitir que el enemigo se siente en nuestra mesa. Podemos vivir vidas de victoria. Podemos ganar la batalla por nuestras mentes.

LA REVOLUCIÓN
DE LA LIBERTAD

Imagina que haces senderismo en una zona pantanosa. El camino es difícil y estás solo. Te mantienes alerta por si hay depredadores, pero no te das cuenta de que de repente te has metido en un terreno de aspecto arenoso. El suelo se siente esponjoso cuando das un paso. Y enseguida cede.

Estás hasta las rodillas en arenas movedizas.

Está mojado. Movedizo. Estás atascado y hundiéndote muy lentamente. Gritas pidiendo ayuda, pero no hay nadie. Luchas por liberarte, pero no llegas a alcanzar ningún asidero para levantarte. Luchas. Te agitas contra la arena húmeda, pero pronto estás hasta los muslos y sigues hundiéndote lentamente. Estás atrapado. Definitivamente, ahora tienes pánico.

Pasa una hora. Otra hora. Otra más. El sol es abrasador en lo alto. Prometes no rendirte, pero estás cada vez más agotado. Cuanto más duro luchas, más te agobian las arenas movedizas. Has oído en alguna parte que luchar solo hace que te hundas más rápido, así que intentas quedarte quieto, pero va en contra de todos tus instintos. Fluctúas. Te agarras a cualquier cosa. La arena turbia te roza la piel. Ya has pasado la cintura, tu cuerpo está firmemente encajado en la trampa. Pasa otra hora. Otra más. Ya has bajado más allá del pecho. Apenas tienes energía para patalear. Apenas puedes moverte.

Hay un hecho sorprendente sobre las arenas movedizas: debido a la física de la arena cambiante y la distribución del peso, los granos de arena que te atrapan casi siempre se atascan y se unen antes de que te hundas demasiado. Se trata de un fenómeno llamado «fuerza en cadena»[1] y, a diferencia de lo que se ve en las películas, no te absorberá repentinamente. En el mundo real, puedes hundirte mucho, sobre todo si luchas, y definitivamente puedes morir en arenas movedizas. Sin embargo, la gente rara vez muere por hundimiento y asfixia, como suele pensarse. En realidad, mueren por agotamiento. Por los efectos de la desesperación y la exposición.

Mueren porque se desgastan tratando de escapar.

Cuando se trata de luchar contra el pecado, puede ocurrir lo mismo. Muchos de nosotros nos hundimos en las malas decisiones; durante años hemos luchado contra la espiral del pecado y la tentación como si fueran arenas movedizas, pero nos sigue absorbiendo. Seguimos luchando, pero parece que no podemos subir a tierra firme. En la desesperación entramos en pánico o caemos en el agotamiento espiritual. Parece que no importa lo que intentemos, no podemos liberarnos, y parece que hemos llegado al punto en que no podemos luchar más. Estamos a un paso de rendirnos. Pero ¡adivina qué!

No necesitas ser tragado en las arenas movedizas del pecado.

RODEADO, VESTIDO, SEGURO, NUEVO

Tienes la victoria en Cristo. Esto no es mera charla de predicador o retórica de iglesia. Jesús ya ha ganado. Está sentado en el lugar de la victoria a la diestra de Dios (Hebreos 12:2). Cuando la eternidad se despliegue, Jesús no regresará a la tierra para luchar contra el pecado de nuevo. Volverá como el vencedor final. Como ya ganó la victoria sobre el pecado, tú también tienes acceso a esa victoria. Eres liberado de las arenas movedizas del pecado al vivir en tu nueva identidad. El pecado, la tentación y una vida de malos pensamientos no deben sujetarte. El poder para vivir libremente viene de tu asociación cercana con Cristo y su victoria.

Para ser claros, nuestra batalla no se gana porque la presión desaparezca de nuestras vidas ni porque nuestras circunstancias cambien. Hemos visto esto en nuestro estudio de Salmos 23:4-5. Seguiremos caminando por valles oscuros a lo largo de toda nuestra vida. Todavía nos sentaremos en una mesa que está rodeada de enemigos. La batalla no se gana porque no haya más presión. No. La batalla se gana a causa de aquel que camina con nosotros a través de los valles oscuros y que se sienta a la mesa con nosotros cuando estamos rodeados de problemas.

¿Qué significa estar asociado a Cristo y a su victoria? Analicemos este concepto. En 2 Corintios 5:17 dice que estamos «en Cristo» y somos una «nueva creación», y en Gálatas 3:26-28 dice que estamos «revestidos» de Cristo. Significa que Jesús nos hace nuevos y que estamos completamente envueltos por la justicia de Cristo. Colosenses 3:3 habla de cómo nuestras vidas están «escondidas con Cristo». Imagina una habitación oculta en una casa, o un bolsillo oculto dentro de un abrigo. Cuando algo está escondido, está a la vez oculto y seguro. Nuestra nueva justicia no es fugaz. Está protegida y segura. Entrena tu mente y tu corazón para creer que eres una nueva creación. Tu justicia está segura gracias a Cristo.

Hay más. Efesios 2:6 dice: «Dios nos resucitó y nos hizo sentar con él en las regiones celestiales». Eso significa que estamos unidos a Cristo en la victoria. Ya que Cristo fue levantado de la tumba, nosotros también somos levantados junto con él. Estamos así de unidos a Cristo. Todo lo que Jesús ha ganado, nosotros también lo hemos ganado. El Dios Todopoderoso tomó la forma de un ser humano que cargó con todo el peso de los pecados del mundo en la cruz. Jesús sufrió, murió y resucitó. Eso es lo que ha ganado la batalla. En 1 Corintios 15:57 dice: «¡Pero gracias a Dios, que nos da la victoria por medio de nuestro Señor Jesucristo!». Entrena tu mente y tu corazón para verte victorioso en Cristo.

Cuando las tentaciones nos amenazan, primero nos liberamos cambiando nuestras perspectivas. En lugar de hundirnos en las arenas movedizas del pecado y la tentación por el resto de nuestras vidas, cambiamos nuestra forma de pensar. Asumimos la responsabilidad de lo que ocurre en nuestra mente y decimos: «Estoy en Cristo y Cristo está en mí. Soy una nueva creación. Cristo es el vencedor y puedo adoptar una mentalidad que me vea caminar en toda la victoria que Jesús ha ganado para mí».

Tu nueva mentalidad te dice que Dios es fiel. Te recuerdas a ti mismo esta verdad. Te la recuerdas y te la vuelves a recordar. Ese recordatorio constante comienza a cambiar los viejos patrones que te llevaron a la derrota. El pecado ya no es el final de la historia. Tu fiel Dios prometió una salida de la tentación. Fiel a su promesa, él provee la salida, así que puedes y podrás escapar de esta tentación. Puedes caminar a través de valles oscuros y puedes sentarte en la presencia de tus enemigos con una forma diferente de pensar sobre lo que Dios tiene para ti. En 1 Juan 5:4 dice: «Porque todo el que ha nacido de Dios vence al mundo. Esta es la victoria que vence al mundo: nuestra fe».

¿Cómo se le niega al enemigo un asiento en tu mesa? Debes partir de este lugar de identidad. Recuérdate a ti mismo que Jesús ya ha ganado tu lucha. Y porque estás unido a él, algo poderoso ya ha sucedido. Todo lo que él ha ganado, tú lo has ganado. Tú estás en Cristo y Cristo está en ti. Ya que Cristo tiene la victoria, tú tienes acceso a esa victoria ahora mismo. No estás luchando la batalla contra el pecado con tu propia fuerza. Estás aprovechando el enorme y omnipotente motor del poder de resurrección de Dios (Filipenses 3:10). Este es el motor de cambio al que nos referimos antes.

Tal vez esto suene como un montón de retórica teológica para entender, pero realmente no es complicado. Se reduce a la fidelidad de Dios. Volvamos a leer 1 Corintios 10:13: «Ustedes no han sufrido ninguna tentación que no sea común al género humano. Pero Dios es fiel, y no permitirá que ustedes sean tentados más allá de lo que puedan aguantar. Más bien, cuando llegue la tentación, *él les dará también una salida* a fin de que puedan resistir» (cursivas añadidas).

Es así de sencillo. Vuelve a leer el versículo.

Dios es fiel.

Cuando confíes en él, te proporcionará una salida.

SAN (PON TU NOMBRE AQUÍ)

Reforcemos la aplicación. Cada vez que te enfrentas a la tentación, es como si estuvieras mirando una gran puerta cerrada. La puerta no está cerrada con llave, y al otro lado de la puerta está el pecado, algún tipo de vida dañina. Muchos creyentes miran fijamente esa gran puerta y no creen que tengan algún poder para mantener la puerta cerrada. Creen que deben abrir la puerta llamada Tentación y atravesarla. No sienten que tienen una opción. Parte de la razón de este pensamiento defectuoso es porque tenemos una teología de identidad defectuosa presente en la iglesia de hoy.

Esta es la gran revelación. *No* somos simplemente pecadores salvados por la gracia. Debemos cambiar este pensamiento distorsionado. *No* somos simplemente mendigos que ayudan a otros mendigos a encontrar el pan. *No* hemos venido simplemente a la cruz sin nada que ofrecer. Este puede ser el punto de partida, pero no es toda la historia y no es nuestra verdadera identidad si estamos en Cristo. *No* somos simplemente un montón de pecadores. Sin embargo, el problema es que con demasiada frecuencia escuchamos esto, y sus variaciones, una y otra vez en las iglesias de hoy.

Hola, bienvenido a la iglesia hoy. Estamos muy contentos de que estés aquí. Por favor, siéntate y disfruta del sermón. Nunca olvides que eres un pecador, eso es todo lo que eres. Viniste a Jesús con las manos vacías y eso es todo lo que le ofrecerás. Estás envuelto en trapos sucios. Eres un gusano. Un miserable. Un burlón. Un inmundo. Un indigno. Siempre estás en rebelión contra Dios. Estás totalmente desprovisto de valor. Solo eres un pecador salvado por

*la gracia y, si alguna vez lo olvidas, solo recuerda cómo pecaste
ayer, cómo pecaste hoy y cómo vas a pecar mañana. Pecaste esta
mañana, pecaste anoche y pecaste hace diez minutos. Eso es todo
lo que harás. Gracias. Bien, pongámonos de pie y cantemos. Nos
vemos el próximo domingo.*

Suena piadoso y humilde, pero es un montón de podredum-
bre. Es una horrible teología de la identidad. Con una enseñanza
así, es difícil hacer otra cosa que no sea asentir y murmurar: «Sí,
supongo que es verdad». Entonces, cuando te acercas a la gran
puerta llamada Tentación, no tienes ninguna posibilidad. Abres
la puerta y la atraviesas, ya que has sido condicionado a hacerlo.
Piensas que no tienes ninguna opción excepto revolcarte en el
pecado al otro lado porque has estado siguiendo un evangelio
parcial.

Cuando nos acercamos a la puerta llamada Tentación, y
realmente quiero que este punto quede claro, necesitamos pre-
dicarnos a nosotros mismos partes iguales de Efesios 2:8-9 y 2
Corintios 5:17. Ese es el evangelio completo. Somos pecadores
salvados por la gracia desde el comienzo de nuestra experiencia
de salvación, como señala Efesios 2:8-9. Sin embargo, ese no es
el final de la historia. Por eso ya no puedes montar una tienda
en el campamento de los pecadores. Tu nueva identidad es la
de un pecador salvado por gracia y eres una nueva creación,
como señala 2 Corintios 5:17. Lo viejo ha pasado. El nuevo tú
ha llegado. Has nacido de nuevo a una vida completamente

nueva; por tanto, en Jesucristo no eres el mismo que eras antes de ser salvado.

Los cristianos a menudo señalan Jeremías 17:9 y dicen: «Bueno, mira. Dice ahí mismo que el corazón es engañoso por encima de todo y desesperadamente perverso. Así que eso es lo que soy. Ese soy yo. Tengo un corazón engañoso y soy desesperadamente malvado».

Lo que algunos pueden haber pasado por alto es cómo la Biblia utiliza ese versículo para describir un corazón no regenerado, un corazón que todavía está lejos de Dios. Pero Jesús ha introducido una nueva era. Es cierto que después de que empezamos a seguir a Cristo, nuestros corazones todavía son capaces de pecar, pero Jesús los ha hecho nuevos. En Ezequiel 36:26 Dios dijo: «Les daré un nuevo corazón, y les infundiré un espíritu nuevo; les quitaré ese corazón de piedra que ahora tienen, y les pondré un corazón de carne». Eso significa que nuestros corazones ya no son desesperadamente malvados y propensos al engaño.

Nos confundimos en este tema porque incluso después de ser nuevas creaciones, todavía tenemos la capacidad de pecar. Nadie necesita ese sermón; lo sabemos demasiado bien. Sin embargo, debemos decirnos continuamente que «pecador» ya no es nuestra identidad. Así que cuando miramos la puerta llamada Tentación, necesitamos recordarnos a nosotros mismos que fuimos crucificados con Cristo y no necesitamos vivir de la manera que solíamos hacerlo.

La vida que ahora vives es por fe, y vives porque Cristo vive en ti (Gálatas 2:20). Cuando te convertiste en creyente, fuiste bautizado en Cristo Jesús, lo que significa que te identificaste con su muerte, sepultura y resurrección. Así como Cristo resucitó de entre los muertos por la gloria del Padre, así también tú puedes andar «en vida nueva» (Romanos 6:4 RVR1960). ¡Eso es lo que eres hoy! No necesitas pasar por la puerta llamada Tentación.

En resumen, te recuerdas a ti mismo que eres un santo. ¿Te sorprende que la Biblia te llame santo?[2] Tal vez escuches esa palabra y pienses: «No, mi abuela es una santa. ¿Yo? Eso es un poco dudoso». Pero es cierto. Así es como se refieren a ti en las Escrituras. La palabra *santo* significa simplemente que eres un «santo». Hay más de cuarenta versículos en el Nuevo Testamento que nos llaman santos. En Cristo, eres perdonado de todo pecado pasado, presente y futuro. Tienes una posición justa ante Dios. Estás revestido de la justicia de Jesucristo. No pases por la puerta llamada Tentación. Eres santo.

SIEMPRE HAY UNA SALIDA

Ya puedo oír las preguntas. Estás diciendo: «Sí, pero Louie, ¿qué pasa con Pablo? En 1 Timoteo 1:15 (NTV), dijo: "La siguiente declaración es digna de confianza, y todos deberían aceptarla: 'Cristo Jesús vino al mundo para salvar a los pecadores', de los cuales yo soy el peor de todos". Incluso el gran apóstol Pablo se llamó a sí mismo el peor de los pecadores. Si esa era la identidad de Pablo, ¿qué esperanza tengo yo?».

Tenemos que entender el contexto más amplio. Esa no era la identidad de Pablo. Pablo estaba diciendo: «Si tú alineas a toda la gente que no podría salir adelante sin la gracia de Dios, entonces yo necesito ser puesto en la cima de esa lista. Si tratas de encontrar personas que necesitan la gracia de Dios para cubrir el pecado, entonces yo estoy en el primer lugar».

La declaración más completa de Pablo se encuentra en Romanos 6:1-2 donde pregunta: «¿Qué concluiremos? ¿Vamos a persistir en el pecado para que la gracia abunde? ¡De ninguna manera! Nosotros, que hemos muerto al pecado, ¿cómo podemos seguir viviendo en él?».

La afirmación es rotunda. De ninguna manera. Pablo fue severo en esta cuestión práctica. *¿Debemos seguir pasando por la puerta llamada Tentación,* preguntó Pablo, *dando vueltas y vueltas en círculo, para poder experimentar la maravillosa gracia de Dios? ¿Es esa la forma en que debemos vivir? ¿Más pecado, más gracia, más pecado, más gracia? ¡De ninguna manera!* exclamó, para responder a su propia pregunta. «¡De ninguna manera!». Continuó explicando que «así como Cristo resucitó por el poder del Padre, también nosotros llevemos una vida nueva» (Romanos 6:4). Aquí es donde comienza la victoria: sumergiéndote en la verdad de que eres una nueva creación. Ya no eres esclavo del pecado. Dios te proporcionará una salida. Tú tienes la victoria en Cristo. No tienes que darle al enemigo un asiento en tu mesa.

Si has estado en Londres, quizá hayas viajado en el metro de la ciudad. A menudo se le conoce por su apodo, «el tubo». Lo sorprendente es que las distintas líneas discurren a diferentes profundidades bajo la superficie del suelo. Tal vez empieces en la línea Jubilee, luego hagas un transbordo a la línea Piccadilly, después vayas a la línea Central y luego viajes un rato en la línea Bakerloo. Si no es tu viaje diario, puedes desorientarte, sobre todo porque todas estas líneas de tren funcionan a diferentes niveles bajo tierra. Los niveles más profundos son los dos andenes de la línea Jubilee en el Puente de Londres, que se encuentran a 23,2 metros por debajo del nivel del mar, es decir, 76,11 pies.[3] Estás casi ocho pisos bajo tierra. Cuando estás ahí abajo, otros trenes pasan zumbando por encima. Todo esto puede resultar bastante confuso.

Pero aquí está la buena noticia para un chico de Atlanta: en cualquier lugar del metro se ven carteles que dicen «Way Out» (Salida). Los carteles en sí no tienen el mismo aspecto, pero todos dicen lo mismo. La última vez que estuvimos allí tomé fotos de un montón de carteles diferentes. Una señal era redonda con un círculo rojo alrededor. Otra señal era larga, fina, rectangular y azul. Otro letrero estaba escrito dentro de la forma de una vidriera. Otro era puramente comercial. No importaba la forma o el color de la señal, todas decían lo mismo: «Salida».

Dios nos ofrece una señalización similar. Él siempre es fiel. Siempre es verdadero. Gracias a la promesa de 1 Corintios 10:13, podemos ser tentados, pero no tenemos que pecar.

Siempre hay una salida.

UNA SERIE DE PUERTAS MÁS PEQUEÑAS

¿Qué aspecto podría tener la señal de salida para ti?

Pues bien, en primer lugar, la forma más eficaz de evitar el pecado es no pasar por la puerta llamada Tentación. La principal forma de salir es no entrar. No pases por la puerta. Esto significa que construyes salvaguardas en tu manera de vivir, y estas salvaguardas te mantienen lejos de la tentación. No te alejes de la puerta. Romanos 13:14 hace esta invitación: «Más bien, revístanse ustedes del Señor Jesucristo, y no se preocupen por satisfacer los deseos de la naturaleza pecaminosa». Este es un versículo que deberías tener subrayado en tu Biblia.

Cuando «no satisfaces los deseos de la naturaleza pecaminosa», significa que vives con sabiduría. Vives con discreción. Erras en el lado de la precaución. Haces modificaciones ambientales, sin importar lo radicales que sean. Es difícil hacer esto solo, así que debes rendir cuentas a algunos amigos cercanos y hablar con ellos sobre luchas y tentaciones reales.

Por ejemplo, tal vez no tengas problemas con la pornografía, pero ves que eso podría convertirse en un problema en tu casa.

LA PRINCIPAL FORMA DE SALIR ES NO ENTRAR.

———

Así que, con el espíritu de vivir con discreción, instalas filtros en todos los ordenadores de tu familia. Esos filtros ayudan a salvaguardar tu integridad. Hablas con tus amigos de confianza sobre ello, y ellos hablan contigo sobre lo que están haciendo para poner salvaguardas en sus vidas. Eso es inteligente. Has tomado la salida, en este caso, el camino de no entrar.

Supón que abres esa gran puerta llamada Tentación. La atraviesas y te encuentras dirigiéndote hacia el pecado. Observa con atención. Hay puertas más pequeñas marcadas como Salida a lo largo del camino.

Tal vez tus amigas te invitan a ir a Cancún. Sientes un impulso del Espíritu Santo y piensas: «Mmm, la última vez que fui a Cancún con mis amigas, fue un desastre. Arruiné nueve meses de mi progreso espiritual». Así que la salida para ti es inmediata y directa. Les dices a tus amigas que no, que lo sientes, que no vas a poder ir esta vez. Así es como no haces provisión para la carne.

O tal vez ya estás a un paso de la puerta. Estás mirando fotos de sol y playas y soñando con divertirte al sol en Cancún, aunque eres consciente de que no es lo más inteligente para ti. Mentalmente, te estás desviando cada vez más hacia el lugar del pecado. Estás dentro de la puerta. Afortunadamente, Dios siempre es fiel. Así que quizás cuando vayas a reservar tu billete, tu tarjeta de crédito sea rechazada. Esa no es la señal de un mal día. Esa es una señal de salida. Eso es una obra del Espíritu Santo. Acéptala.

O tal vez vayas más allá. Actualizas los datos de tu tarjeta de crédito y reservas el billete de avión de todos modos, y ahora tus amigas y tú se van a Cancún. Alguien sugiere que todos vayan al club favorito del grupo. Haces una mueca de dolor y sientes el empuje del Espíritu Santo y piensas: «Vale, la última vez que fuimos a ese mismo club empezaron todos los problemas». Todavía tienes una salida. Puedes decir: «No, no voy a ir a ese club» o «No, vamos a otro sitio» o «No, vayan ustedes. Yo voy a dar un paseo por la playa».

Pero ahora estás en el taxi que se dirige al club. Todavía sientes la convicción del Espíritu: *no sigas*. Por la gracia de Dios hay una pequeña puerta por la que puedes escapar.

«Oigan, chicas, sé que esto parece una locura, pero me voy a bajar en la próxima intersección. Voy a tomar otro taxi para volver al hotel. Sin ánimo de juzgar y lamentando el drama, pero tengo que irme». ¿Eso es extremo, dices? Tal vez. Pero resistir la tentación no es un juego. Es una guerra.

Si quieres una salida, Dios es fiel. El Espíritu Santo te dará una salida, y el Espíritu Santo te dará otra salida, y el Espíritu Santo, en su misericordia, te dará otra salida después de eso. Las puertas pueden ser cada vez más pequeñas a medida que avanzas. La salida es más difícil de tomar porque estás más lejos del camino, y si optas por no tomar la salida las consecuencias potenciales se vuelven más serias.

Pero fíjate bien: las oportunidades de tomar la salida siguen estando ahí. La primera salida es una puerta de tamaño normal que se encuentra en cualquier casa. La segunda puerta es del tamaño de una mascota, que la gente corta para que Fido pueda salir. La tercera puerta de salida es una minúscula puerta de casa de Barbie por la que solo se puede deslizar tu teléfono. Pero aún puedes ganar la batalla. No tienes que darle al enemigo un asiento en tu mesa. Todavía puedes salir.

La otra forma principal de evitar el pecado es simplemente dejar de mirar la puerta llamada Tentación. Ir en una dirección completamente diferente. Cambia la puerta llamada Tentación por la puerta llamada Invitación. Concéntrate en una puerta diferente, la puerta de Cristo. Hebreos 12:1-2 (RVR1960) dice: «Despojémonos de todo peso y del pecado que nos asedia, y corramos con paciencia la carrera que tenemos por delante, *puestos los ojos en Jesús*, el autor y consumador de la fe» (cursivas añadidas).

Verás, en esencia, el mensaje del evangelio no es «No peques». Ese mensaje se predica a menudo porque cae con mucha fuerza. *¡No peques! ¡No peques! ¡No peques!* Pero el mensaje de la cruz es mucho menos sobre «No peques» y mucho más sobre «Ven, camina con Dios». El mensaje del evangelio es que a través de la obra de Cristo nuestros pecados son perdonados. Somos nuevas creaciones y podemos entrar en una relación con el Dios Todopoderoso. Jesús nos ofrece una vida abundante que es la vida en plenitud (Juan 10:10). Pablo, en 1 Tesalonicenses 3:8, dijo: «¡Ahora sí que vivimos!».

Vuelve al salmo 23 y a Juan 10:1-18 e imagina la vida como una oveja y con Jesús como tu Buen Pastor. El sentido de esos dos pasajes es que Dios promete guiarte. Así como las ovejas pueden aprender a reconocer la voz de su pastor, a ti se te da la capacidad de escuchar la voz de Cristo. Puedes ver lo que hace el pastor. Puedes descansar en el cuidado del pastor. Puedes moverte al ritmo del pastor. Al vivir de cerca con Jesús, descubres que puedes confiar en Dios. Puedes reflexionar en tu vida y recordar las veces que él te llevó, las veces que te acercó, las veces que te mantuvo fuera del peligro, las veces que te guio. La intimidad con Dios es el camino hacia la verdadera plenitud. ¿Cómo evitas que el enemigo se siente en tu mesa? Mantén tus ojos en Cristo.

Observa de nuevo la historia de Adán y Eva. Antes de que llegara la tentación, hubo una invitación para que ambos siguieran caminando con Dios. Inmediatamente después de la caída, en Génesis 3:8, cuando Adán y Eva escucharon a Dios que «andaba recorriendo el jardín», ellos reconocieron el sonido porque estaban familiarizados con él. Dios había caminado y hablado con Adán antes, cuando Adán nombró a los animales. Dios había hecho a Eva y «se la presentó al hombre» (Génesis 2:22). Sabían lo que era caminar con Dios. Fueron hechos a la imagen de Dios, y sabían lo que era tener una relación con Dios y hacer la obra de Dios en la tierra… *con* Dios.

Ese era el evangelio más amplio tal y como lo entendían Adán y Eva. Había una orden definitiva: «No peques. No comas de la fruta». Pero había una buena noticia más importante que decía:

«Ven y disfruta de Dios». Ese evangelio más amplio se extiende a ti hoy. Estás salvado, sí. Pero ¿ha sido alguna vez Dios para ti más que una orden de no pecar? ¿Es Dios más grande para ti que la entrada al cielo cuando mueras? Claro, es bueno que seas salvado. Claro, es bueno que seas perdonado. Claro, es bueno que vayas al cielo. Sin embargo, más allá de esa verdad, Dios está muy interesado en que lo conozcas, ahora mismo, hoy, mucho antes de que llegues al cielo. ¿Qué tan bien conoces a Dios?

CEBRAS BEBÉ

Cuando estás en el camino de conocer a Dios, significa que pones tu corazón, tu propósito y tu mente en esa dirección. Cuando comienzas a aprender su Palabra, la Biblia, llegas a conocerlo a él y su carácter. Cuando caminas con él en continua oración, aprendes sus caminos. Sus palabras, caminos y carácter satisfacen las necesidades de tu vida. ¿Tienes necesidad de valor? ¿De significado? ¿De propósito? ¿De amor? ¿De aceptación? ¿De satisfacción? ¿De paz? ¿De compañía más cercana? ¿De calma en medio de la tormenta? Jesús satisface esas necesidades.

Esas son las mismas necesidades que el enemigo está explotando. Cuando te sientes deprimido, generalmente es porque tus necesidades no están siendo satisfechas. Es entonces cuando el enemigo viene y susurra: «Si quieres sentirte mejor, entonces pasa por esta puerta llamada Tentación. Te daré una emoción.

NO LE DES AL ENEMIGO UN ASIENTO EN TU MESA

Te daré una sacudida de dopamina. Te daré una descarga de adrenalina».

Nada puede satisfacer tu corazón como Dios. Nada mejor te aleja del pecado que mantener tus ojos en Cristo. Cuando caminas con Dios, descubres tu verdadera identidad, valor y propósito. Ahí es donde descubres que puedes confiar en Dios.

Hemos estudiado Santiago 1:14, donde dice que «cada uno es tentado cuando sus propios malos deseos lo arrastran y seducen». Santiago pasó a describir un contexto más amplio: «Mis queridos hermanos, no se engañen. Toda buena dádiva y todo don perfecto descienden de lo alto, donde está el Padre que creó las lumbreras celestes, y que no cambia como los astros ni se mueve como las sombras» (vv. 16-17).

El pecado da lugar a la muerte. No te dejes engañar por este hecho, dijo Santiago. Pasar por la puerta llamada Tentación solo conduce al pecado y a la muerte. Nada del otro lado de esa puerta te va a ayudar. El pecado puede sentirse bien por un momento, pero siempre es menos que lo mejor de Dios para ti. En cambio, ve por la otra puerta, la que se llama Invitación. Ahí es donde encuentras todo don bueno y perfecto. Esos dones vienen a ti de Cristo. Lo que buscas se encuentra a través de la otra puerta. Y la verdadera recompensa ni siquiera tiene que ver con los dones que Jesús te da. Se trata de atravesar esa puerta y recibir a Dios mismo.

¿Has considerado alguna vez los enormes beneficios que existen para nosotros en este lado del Edén? Sí, vivimos en un mundo manchado por el pecado y corrompido. Ya no estamos en el Paraíso. Pero también estamos viviendo con el conocimiento de lo lejos que Dios Todopoderoso llegará por nosotros. Vivimos con un conocimiento del amor de Dios que Adán y Eva no tenían. Cuando la serpiente le dijo a Eva: «Tal vez Dios te está ocultando algo», Eva tenía la palabra de Dios en ese momento. Ella tenía lo que Dios les había dicho a ella y a Adán sobre él mismo. Tenía un entorno perfecto para vivir y disfrutar. Pero tenía poca experiencia real para respaldar la promesa de Dios.

Tenemos experiencia. Tenemos la muerte, sepultura y resurrección de Cristo en nuestra historia. Podemos señalar la cruz y decir: «En realidad, Dios no nos está ocultando nada. Así es el corazón de Dios. Dios me amó tanto que envió a su Hijo para quitar los pecados del mundo. Ese es un corazón que escala cualquier montaña. Derriba cualquier puerta. Nos persigue implacablemente por callejones oscuros. Dios hará cualquier cosa para alcanzarme con su amor, incluso enviar a su único y amado Hijo a la cruz y resucitarlo. Gracias a Jesús, soy una nueva creación». Eva no sabía lo que nosotros sabemos. No sabía hasta dónde llegaría Dios. Pero nosotros sí.

Hace tiempo, escuché a Priscilla Shirer hablar sobre lo que hacen las cebras con sus crías.[4] Cuando una cebra madre da a luz, una de las primeras cosas que hace es apartar a su hijo del resto de la manada durante un tiempo. ¿Por qué? Porque la madre quiere que su hijo aprenda a conocerla.

Para el ojo inexperto, todas las cebras parecen iguales. Incluso se sabe que las cebras bebé confunden quién es su madre. Pero cada cebra tiene un patrón único de marcas en la cabeza y la cara. Cuando la cebra madre se lleva a su cría de esa manera, el bebé aprende a identificar exactamente quién es su madre. El niño puede ver y oír a la madre. Aprende a reconocer las marcas individuales de la madre. Durante semanas y semanas, son solo madre e hijo, madre e hijo, madre e hijo.

Muy pronto, la cebra bebé es devuelta a la manada. Para entonces, el bebé ha aprendido un tipo de discernimiento extraordinario. Puede ver todos estos otros animales que se ven, suenan y huelen casi igual y decir: «No, esa no. No, esa no. No, esa no. Ah, esa es mi madre».

Ese nivel de familiaridad y reconocimiento es donde Dios quiere que estés con él. Dios quiere que lo conozcas sin ninguna duda. Lo único que hace el enemigo es mentir. El enemigo quiere desviarte para poder destruirte. Pero Jesús quiere que conozcas la voz de Dios, que reconozcas a Dios, que confíes en Dios. Las arenas movedizas ya no tienen poder. La puerta llamada Tentación no tiene más atractivo. Eres libre. Puedes ganar la batalla por tu mente. Estás invitado a conocer a Dios de forma profunda y cercana.

Como parte de ese proceso, hay una oración más específica que puedes hacer. Cuando se trata de no darle al enemigo un asiento en tu mesa, esta oración, y toda la libertad e invitación que trae, es quizás la más poderosa.

LLEVA CAUTIVO
TODO PENSAMIENTO

Soy desertor universitario.

No porque no sea lo suficientemente inteligente. Sino porque cuando tenía dieciocho años estaba perdiendo la batalla de mi mente. El enemigo había ganado un punto de apoyo en mi vida, y ese punto de apoyo se llamaba pereza. Podía dormir durante las clases de la mañana como un campeón. Si hubiera habido una competición olímpica de faltar a clase y poner excusas, tendría medallas de oro colgadas en la pared. Finalmente, llegó la carta del decano de mi programa en la que me pedía que tuviera la amabilidad de tomarme un tiempo libre de mis estudios universitarios.

No te preocupes, pensé. *Me inscribiré en la universidad de la ciudad.*

No mucho después, recibí una notificación similar de ellos. Había conseguido fracasar en dos escuelas en el mismo año.

¡Hablas del enemigo y él sentado en tu mesa y comiendo tu almuerzo!

Al mismo tiempo, seguía teniendo grandes sueños. A través de una poderosa experiencia de ser llamado al ministerio, supe que Dios tenía grandes planes para mi vida. Podía ver claramente mi futuro. Pero había perdido de vista lo que iba a costar llegar hasta allí. Estaba entusiasmado con la idea de ir a la escuela de posgrado para continuar con la formación ministerial. Pero había perdido el interés en el trabajo de grado necesario para llegar allí.

Una vez que se me encendió la bombilla y conecté los dos pasos, tomé literalmente la siguiente salida de la autopista y en menos de una hora estaba sentado en el mismo despacho del decano, rogándole que me dejara volver a la Universidad de Georgia. Fue muy amable, y desperté a mis planes de futuro y a lo que iba a costar llegar hasta allí. Mi identidad no era ser un universitario fracasado. Fui llamado por Dios para predicar su Palabra. Tenía la capacidad de dormir durante las clases, sin duda. Pero, como demostré, también tenía la capacidad de aprobar dos años de clases en poco más de un año. Me gradué con mi clase original de primer año y me inscribí en la escuela de posgrado a tiempo.

Gané la batalla de mi mente. Me levantaba cada día convencido de que Dios iba a realizar a través de mí todo lo que me había llamado a hacer. Creía que podía ser aquel que Dios había ideado que fuera.

¿Puedes verte dónde quieres estar?

No me refiero solo a dónde quieres estar en cuanto a algún logro personal, éxito empresarial, esfuerzo deportivo o meta financiera. Estoy hablando de dónde quieres estar en cuanto a tu alma. Estoy hablando de tener el control de tus pensamientos, actitudes y acciones. Estoy hablando de moverte hacia el propósito y vivir la vida que Dios ha diseñado para ti.

Quizás el enemigo te ha convencido de que no puedes pasar de donde estás a donde quieres estar. Has escuchado las voces del miedo. Has quedado atrapado en la espiral del pecado y la tentación. Te has convencido de que no tienes valor. Tu mente está nublada por la preocupación y la incertidumbre. El enemigo ha logrado esto al sentarse en tu mesa, pero no tienes que dejar que se quede allí y se ponga cómodo. No tienes que entretenerte con la voz del enemigo. A través de Cristo, puedes moverte a un lugar de victoria en tu vida.

Esto sucede cuando aprendes a ganar la batalla por tu mente. El enemigo lo sabe. Una de sus principales estrategias es ir tras tu pensamiento. También es paciente. En el jardín del Edén, la serpiente no le gritó sus tentaciones a Eva por un altavoz. Plantó semillas en su mente y esperó. La incitó a cuestionar la bondad de Dios. La indujo a preguntarse si Dios le estaba ocultando algo bueno. Finalmente, Eva cedió y dejó que esas semillas echaran raíces. Eva actuó de acuerdo a lo que había estado pensando.

Así es como trabaja el enemigo. Si él puede ganar la batalla por tu mente, entonces puede ganar la batalla por tu vida. En Números 13, cuando Moisés envió a los doce espías a explorar la tierra de Canaán en preparación para la conquista hebrea, diez espías regresaron con un informe temeroso y sin fe. «No podremos combatir contra esa gente», dijeron los diez espías, temblando hasta las botas. «¡Son más fuertes que nosotros!» ... «Comparados con ellos, parecíamos langostas, y así nos veían ellos a nosotros» (vv. 31, 33).

Espera. ¿Cómo sabían los diez espías lo que parecían a los ojos de los cananeos? ¿Preguntaron los espías a sus enemigos: «Oye, ¿qué piensas de nosotros? ¿Qué tan pequeños e insignificantes les parecemos?». No, una semilla había sido plantada en la mente de los espías. Ellos cultivaron esa semilla, la dejaron crecer y actuaron en consecuencia y, como resultado, vagaron por el desierto durante los siguientes cuarenta años. Nunca alcanzaron las promesas de Dios para sus vidas.

No tenía por qué ser así, quedar en el desierto sin alcanzar las promesas de Dios; ni para ellos, ni para ti ni para mí hoy. La victoria puede ser tuya. Aquí y ahora mismo. La victoria consiste en examinar las semillas que han sido esparcidas en tu mente y no permitir que echen raíces. Se trata de arrancar y desechar los pensamientos que no coinciden con la voluntad de Dios. Se trata de cambiar la forma de pensar. Y hay una oración que nos puede ayudar.

PREPARADOS PARA LA ORACIÓN DE PODER

Tal vez una de las semillas plantadas en tu mente es la duda. No sabes si alguna de estas enseñanzas va a funcionar para ti. Has probado antes otras formas de cambiar y ninguna de ellas funcionó, así que, ¿por qué deberías probar esta? O tal vez logre algún cambio, pero no durará porque nunca ha durado.

El enemigo ya ha influido en tu mente. Las semillas pueden ser esparcidas en tu mente en cualquier momento, en cualquier lugar, y particularmente cuando lees un libro como este. Antes de que la verdad pueda liberarte, necesitas ver las mentiras que te tienen secuestrado. Pídele al Espíritu Santo que te revele qué mentiras estás creyendo. Pídele que sea específico. ¿Estás teniendo alguno de los siguientes pensamientos?

- *Nunca cambiaré.*
- *Me sentiré mejor si peco.*
- *El evangelio no funciona.*
- *No valgo mucho.*
- *Nadie me quiere.*

- *Nadie cree en mí.*
- *Tengo derecho a estar amargado.*
- *Tengo derecho a estar enojado.*
- *Yo soy mi propio fracaso.*
- *Yo soy mi propia adicción.*
- *Siempre seré así.*

¡Ninguno de esos pensamientos viene de Dios! Jesucristo, el Buen Pastor de Juan 10 y Salmos 23, no te dice que eres un fracaso. Él no te incita a preocuparte. Él no te provoca el miedo. Él proporciona claridad, no caos. No te mete la nariz en el vómito del pecado. Él proporciona pastos verdes, no páramos secos. Si alguna de estas cosas está en tu vida: miedo, preocupación, tentación, sentimientos de inutilidad, sentimientos de confusión, ¡adivina qué! El enemigo se ha presentado y sembrado una semilla en tu pensamiento. Él sabe que si puede albergar un pensamiento engañoso en tu mente que no se controla, al fin echará raíces y se establecerá en tu corazón. Si albergas un pensamiento engañoso y dejas que se instale dentro de ti, con el tiempo, actuarás basado en ese pensamiento.

Tal vez te preguntes: «¿Cuál es el problema? Es solo un pensamiento. Nadie lo sabe excepto yo. Es inofensivo». No. Todos los pensamientos que albergamos en nuestra mente terminan por reproducirse. O nuestras actitudes reflejarán esos pensamientos engañosos o nuestros comportamientos lo harán. «Porque cual es su pensamiento en su corazón, tal es él» (Proverbios

23:7 RVR1960). De una forma u otra, esos pensamientos nos perjudicarán.

Por eso es tan importante, como hemos hablado en los últimos capítulos, que entres de inmediato en tu nueva identidad en Cristo. Jesús ya está en la historia de la victoria, y te ha invitado a entrar en esta historia con él. La manera de entrar en esa historia es recordando estas verdades:

- *Yo fui un pecador salvado por la gracia que ahora es una nueva creación. No tengo que pecar.*
- *Yo estoy en Cristo y Cristo está en mí. Cristo tiene toda la victoria, y su victoria es también la mía.*
- *Dios siempre es fiel. Él siempre proporcionará una salida. Siempre puedo dirigirme a la salida.*

Entrar en estas verdades te hace cambiar la manera de pensar. Los doce espías sabían que la tierra prometida era buena. Todos vieron la abundancia de leche y miel. Todos vieron un solo racimo de uvas tan grande que se necesitaban dos hombres para llevarlo en un palo (Números 13:23). Pero diez de esos espías no creyeron que podrían llegar a la tierra prometida.

¿Y tú? ¿Crees que puedes vivir en victoria? Si la respuesta es no, el engañador está ganando la batalla por tu mente. Él es real y tiene un plan real. Está rodeando tu mesa, listo para sentarse. Así que ten en cuenta esto: hay mucho en juego. Estamos hablando de *tu vida*. Este es tu ahora. Este es tu futuro. Se trata de tu familia. Se trata de tu cordura. Tu paz. Tu éxito. Tu llamado. Tu destino. Esto representa la plenitud de aquello para lo que Dios te ha creado. El diablo quiere destruirte. No tiene piedad y tiene todo el tiempo del mundo.

Afortunadamente, cualquier semilla que el enemigo esparza en tu mente no necesita permanecer más de un milisegundo. Las semillas no necesitan echar raíces. Cualquier semilla nueva puede ser removida inmediatamente. Incluso las semillas que han estado allí durante años pueden ser eliminadas. Y no se trata de que uses tus súper poderes. Quiero hacer hincapié en este punto. La victoria no se trata de algo que tú hagas. Ese no es el mensaje aquí. El mensaje es el evangelio de Jesucristo. Se trata de lo que Jesús hace por ti. Jesús ganó la victoria total por sí mismo. Dios hace el camino.

Entonces, ¿cómo se vive en victoria?

LA GUERRA HA TERMINADO; LAS BATALLAS NO

La palabra *victoria* en el versículo anterior es la palabra griega *nikos*. Connota específicamente la victoria que se ha producido debido a una conquista. En el Nuevo Testamento, la palabra se utiliza siempre para describir la conquista proporcionada por Cristo al creyente. Él conquistó todos los poderes de las tinieblas y del pecado. Los creyentes están en Cristo y Cristo está en los

creyentes. Los poderes de las tinieblas y los poderes del pecado no pueden ganar la victoria sobre ningún creyente. La batalla
general ha sido ganada. Jesús dijo en la cruz: «Consumado es»
(Juan 19:30 RVR1960). En otras palabras: «Lo que he venido a
hacer lo he cumplido. Has sido liberado. La victoria es tuya».

Imagina la victoria que posees como si estuvieras en las playas de Normandía el Día D más 1. ¿Sabes lo que significa? El Día
D fue el 6 de junio de 1944, por lo que Día D más 1 es el término
que se le da al día después del Día D, es decir, el 7 de junio de 1944.

El Día D fue la mayor invasión anfibia de la historia mili-
tar.[1] Más de 156 000 tropas aliadas desembarcaron en la costa de
Normandía, abriéndose paso entre una lluvia de ametralladoras,
granadas y fuego nazi. Los aliados llegaron con fuerza gracias a
más de 6900 barcos y buques de desembarco, 2300 aviones, 867
planeadores y 450 000 toneladas de munición. Las bajas fueron
cuantiosas. Trágicamente, más de 4400 soldados aliados perdie-
ron la vida el 6 de junio. Sin embargo, al anochecer, la victoria
estaba conseguida. Las cinco playas de Normandía, denomina-
das Gold, Utah, Juno, Omaha y Sword, habían sido aseguradas.
Más tropas comenzaron a desembarcar. Se construyeron puertos
provisionales. Con el tiempo, los Aliados descargarían más de 2.5
millones de tropas, 500 000 vehículos y 4 millones de toneladas
de suministros a través de los puertos de Normandía.

Los historiadores coinciden en que el Día D marcó un punto
decisivo en la guerra. Gracias a las acciones llevadas a cabo el Día

D, el resultado de la Segunda Guerra Mundial cambió significativamente. El destino del mundo entero había cambiado. Así que imagina que estás allí en el Día D más 1. Estás de pie en una de las playas al día siguiente de la enorme y sangrienta invasión. La guerra en general se ha decidido. El poder de Hitler se ha deshecho. No hay manera de que pueda ganar ahora. Desde esta cabecera de playa de la victoria deberás empujar hacia adelante y seguir. ¿Por qué seguir adelante? Bueno, aunque la guerra en Europa haya terminado, Hitler seguirá operando desde un lugar de derrota por un tiempo. Seguirá luchando aunque haya sido aplastado.

En las próximas semanas, vendrán muchas más escaramuzas. Tendrás que combatir en la ciudad francesa de Carentan. Capturarás el puerto de Cherburgo. Aún tendrás que liberar París el 25 de agosto. Algunos de los combates serán intensos. Durante el año siguiente, todavía tendrás que luchar en la feroz batalla de la Operación Market Garden. Mantendrás la línea invernal en la Batalla de las Ardenas. Todavía tendrás que abrirte paso en la Alemania ocupada por los nazis y liberar los horribles campos de concentración. En el Día D más 1, tendrás que hacerte a la idea de esta verdad: aunque la guerra haya terminado, algunos de tus combates más duros aún están por llegar. Sin embargo, dado que la cabecera de playa se ha establecido, siempre lucharás desde el lugar de la gran victoria.

En tu vida espiritual, Jesús te da el *nikos*. Él te da su obra cumplida en la cruz, la derrota del pecado. Él ha establecido una cabecera de playa victoriosa para que puedas avanzar. Desde esta base triunfante, ahora luchas. Esa es tu mentalidad para abrazar en oración hoy.

LA ORACIÓN DE PODER

Bien, todo nos lleva a esto. La gran oración que contiene la promesa de ganar la lucha por tus pensamientos proviene de este pasaje de la Escritura:

> Pues aunque vivimos en el mundo, no libramos batallas como lo hace el mundo. Las armas con que luchamos no son del mundo, sino que tienen el poder divino para derribar fortalezas. Destruimos argumentos y toda altivez que se levanta contra el conocimiento de Dios, y llevamos cautivo todo pensamiento para que se someta a Cristo (2 Corintios 10:3-5).

Vamos a analizar eso. Las armas con las que luchas tienen poder divino. Esas armas se describen en Efesios 6:10-18, la armadura completa de Dios: la justicia que tenemos de Cristo, el evangelio completo de la paz, la fe, la salvación, el Espíritu Santo, la Palabra de Dios y la oración. Esas armas tienen el poder de demoler cualquier cosa que se oponga a Dios. Con esas armas no necesitas dejar que cualquier pensamiento dañino que flote en tu mente se asiente. En Cristo, no necesitas dejar que el enemigo se siente a tu mesa. ¿Cómo? La base de la oración se encuentra ahí mismo en el texto.

Dios, ayúdame a llevar cautivo todo pensamiento para hacerlo obediente a Cristo.

Suena paradójico, pero no lo es. Estas dos verdades trabajan juntas como una sola: Cristo hace todo el trabajo, pero tú necesitas apoyarte en ese trabajo mediante la oración y la decisión. Debes estar de acuerdo con Jesús.

En Cristo, se te ha dado la oportunidad debido a la cabecera de playa de la victoria para avanzar, luchando con poder. El poder viene de Cristo. La victoria viene de Cristo. Sin embargo, debes estar de acuerdo con Cristo para que no vivas en el mensaje doble de la derrota. Nadie más va a tomar tus pensamientos cautivos de tu parte. Nadie va a subir a tu cabeza por ti y a tus pensamientos para tomar cautivo todo lo que viene contra ti. Es tiempo de que te levantes y tomes la responsabilidad de asociarte con Cristo en tu destino, tu futuro y tu victoria.

He aquí una dura verdad, y no voy a escudarme en ella ni a intentar maquillarla: si no llevas el pensamiento cautivo, el fracaso es tuyo. Te digo esta verdad con amor, con el mismo aliento con que me lo predico a mí mismo. El fracaso no es por culpa de tu madre. No es por culpa de tu padrastro. No es a causa de ningún problema que haya surgido contra ti. Si estás viviendo en la derrota, es porque te estás permitiendo vivir en la derrota. Si estás perdiendo la batalla de tu mente, es porque no estás dispuesto a dar un paso adelante y decir: «Hay una pelea que librar y voy a pelear la batalla para ganar mi mente porque tengo el poder de la obra terminada de Jesús».

Así que debes decidir ahora mismo, hoy, cambiar la historia de la batalla por tu mente. Lo haces llevando cautivo en oración cada pensamiento. ¿Cómo funciona eso específicamente?

DETECTA LA MENTIRA

Primero, identifica cualquier pensamiento engañoso en tu mente. Esto parece tan básico, pero es sorprendente la cantidad de gente que no lo hace. Debes ver ese pensamiento por lo que es: una mentira dañina. Es muy fácil consentir los pensamientos que entran en tu mente. Eres demasiado complaciente con tu vida mental. Yo sé que lo soy.

Entonces un pensamiento entra en tu mente. *Oye, me sentiré mejor si peco. Si como en exceso. Si corro a la lujuria. Si arremeto con rabia.* (Cualquiera que sea tu punto débil). Y consientes ese pensamiento. Lo mimas. Lo acoges. Lo entretienes. Le das refugio y sustento. Entonces piensas: «Es cierto. Me sentiré mejor si peco. La vida es súper dura ahora mismo, así que me merezco esto. Me sentí horrible después de volver a este pecado la última vez, y también sucederá esta vez. Pero estoy de acuerdo con sentirme horrible a largo plazo si puedo sentirme mejor por un rato». Boom. El enemigo acaba de sentarse en tu mesa.

Grita «¡No!» a esto. Los pensamientos dañinos deben ser identificados como mentiras que son. Hay que examinar ese pensamiento y decir: «Oye, antes de que armes una tienda en mi mente, déjame echarte una buena y dura mirada. Porque cuando te miro, no creo que seas congruente con la Palabra de Dios. Y si no eres compatible con lo que Dios dice, entonces Dios no te envió a mi camino. ¡Fuera!».

Aquí viene otro pensamiento a tu mente: «¡Qué patético soy!». ¿Vas a considerar ese pensamiento? ¿Dejarás que se quede en tu mente por un tiempo? ¿O lo ves por lo que es?

Pregúntate: «¿De dónde viene ese pensamiento? ¿Vino de Dios? ¿Coincide ese pensamiento con lo que Dios dice en la Biblia? ¿Piensa mi Padre celestial que soy patético? De ninguna manera. Mi Padre celestial es un Buen Pastor y me lleva a verdes pastos. Él restaura mi alma. Me guía por caminos de justicia por amor a su nombre. Eso no parece que lo dijera alguien que dice que soy patético. Ah, sí, y recuerdo que en Colosenses 3:12 se me llama "santo y amado". Así que ciertamente no es Dios quien me llama patético. Si no es Dios, sé de inmediato que es la voz del enemigo. No voy a considerar este pensamiento. ¡Fuera!».

NO ES MI VOLUNTAD SINO LA TUYA

Así que has identificado el pensamiento como una mentira. El siguiente paso es atar ese pensamiento en el nombre de Jesús.

Mira la terminología en 2 Corintios 10:5: «Llevamos cautivo todo pensamiento para que se someta a Cristo». Cuando haces algo cautivo, lo arrestas. Lo agarras por la autoridad legal y lo pones en custodia. Le pones las esposas. Lo detienes por la fuerza. Lo haces cautivo para que deje de hacerte daño a ti o a alguien más.

Cuando los pensamientos son atados en el nombre de Jesús, esa es una oración en la que Jesús y tú concuerdan en que el enemigo no tiene lugar en tu mente. Lo que estás diciendo es: «Dios Todopoderoso, yo ato este pensamiento en el nombre de Jesucristo. Hago cautivo este pensamiento porque tú me lo ordenaste. Estoy usando el poder que está disponible para mí debido al Espíritu Santo, y con ese poder estoy eligiendo vivir de acuerdo contigo. Este pensamiento es llevado cautivo. Este pensamiento no tiene poder sobre mí. Echo fuera este pensamiento. Este pensamiento es llevado a la cárcel».

Las oraciones que haces son para Dios. Sin embargo, a veces pienso que es bueno que Satanás o sus huestes de maldad escuchen nuestras oraciones. El mundo espiritual es real y está a nuestro alrededor, aunque no lo veamos. Las Escrituras no nos indican que Satanás sea omnisciente. Él no sabe todo, ni sabe lo que ocurre en todas partes ni en todo momento como Dios puede hacerlo. Así que no creo que Satanás escuche los pensamientos de nuestra mente. Cuando me enfrento a él en la oración, a veces quiero decir la oración en voz alta. Siempre lo hago en el tono del versículo 9 de Judas. El arcángel Miguel estaba contendiendo con el diablo y usó estas palabras: «¡El Señor te reprenda!». Significa que estoy reconociendo que Jesús tiene el poder y que Cristo está en mí.

¿Por qué oras o reprendes específicamente a Satanás en el nombre de Jesús? Porque el poder no viene de ti, viene de Jesús. Porque necesitas usar el nombre de aquel que tiene todo poder y autoridad (Mateo 28:18). Porque todo lo que hagas, «de palabra o de obra, háganlo en el nombre del Señor Jesús» (Colosenses 3:17).

Tal vez en este punto pienses: «Oh, Louie, te has ido por la borda. Me estás pidiendo que ate mis pensamientos en el nombre de Jesús. Claro que Jesús me gusta y voy a la iglesia, pero esto está empezando a sonar como una locura». No. Lo que es una locura es estar de acuerdo con el enemigo en que pueda establecer una tienda en tu mente. Lo que es una locura es que estés de acuerdo con el pecado. Lo que es una locura es dejar que el enemigo se siente en tu mesa. Lo que es una locura es dejar que un asesino y engañador te influya. ¡No dejes que el maligno gane la batalla por tu mente!

Cuando un pensamiento cuestionable entra en tu mente, pregúntate si se alinea con el carácter justo de Dios o con lo que se afirma claramente en las Escrituras. Si no es así, ata ese pensamiento en el nombre de Jesucristo. Haz esa oración en voz alta, u ora en tu mente al Señor. Usa esta oración específica y deliberada para prohibir que ese pensamiento eche raíces en tu mente:

¡Yo ato este pensamiento en el nombre de Jesús!

Tu objetivo, como señala 2 Corintios 10:5, es específicamente llevar el pensamiento cautivo «para que se someta a Cristo». Cuando un pensamiento se somete a Cristo, se alinea con Cristo o es rechazado por Cristo y por las enseñanzas de Dios en las Escrituras. Mira, si un pensamiento no es llevado cautivo por ti en el nombre de Jesús, ese pensamiento te llevará cautivo. Atarás el pensamiento o este, con el tiempo, te atará a ti. Así que mejor piensa rápido porque algo será atado. Usa el nombre de Jesús con autoridad. Ata los pensamientos que no vienen de Dios y que no concuerdan con la Palabra de Dios.

¿Has oído lo que ocurrió con Jesús en el huerto de Getsemaní la noche en que fue traicionado? Antes de que Judas llevara a las tropas romanas hasta Jesús y lo traicionara con un beso, Jesús estaba orando en el jardín. Fue un momento de gran intensidad y agonía. El sudor de Jesús caía en gotas de sangre al suelo. La noche fue tan difícil, de hecho, que Jesús oró tres veces para que Dios no lo llevara a la cruz (Mateo 26:39, 42, 44).

Como preparación para hacer lo más grande que jamás se haya hecho en el planeta Tierra, Jesús estaba pasando primero por la mayor prueba. (Como una nota al margen, si quieres hacer algo grande para Dios, entonces prepárate para ser probado grandemente primero. Serás probado en gran medida para que se pueda confiar en ti en gran medida).

USA EL NOMBRE DE JESUS CON AUTORIDAD. ATA LOS PENSAMIENTOS QUE NO VIENEN DE DIOS Y QUE NO COINCIDEN CON LA PALABRA DE DIOS.

En última instancia, Jesús rindió su propia lucha por someter nuestro pecado al deseo del Padre de hacernos santos. Incluso llevó cautivos sus pensamientos y los hizo obedientes al Dios Todopoderoso. Jesús terminó sus oraciones diciendo: «Pero no se cumpla mi voluntad, sino la tuya» (Lucas 22:42). Incluso en la más fuerte de las tentaciones, Jesús no pecó. Este es el modelo perfecto para llevar los pensamientos cautivos. El modelo fue establecido por el propio Jesús.

ERES EL *DISC JOCKEY* DE TUS PROPIOS PENSAMIENTOS

Bien, primero identificaste el pensamiento dañino. Segundo, hiciste ese pensamiento cautivo en el nombre de Jesús. Ahora, tercero, cambias la narración de tu historia por la de las Escrituras. De modo que, cuando vengan tiempos de problemas y quieras volver al pecado, cambias la trayectoria de tu historia. Haces esto, principalmente, conociendo las Escrituras.

Sí, memorizas la Escritura y luego repites la Escritura en tu mente. Cambias los pensamientos engañosos por pensamientos de verdad. Te familiarizas con lo que dice la Biblia y luego te repites la verdad de Dios una y otra vez para que sepas sin lugar a dudas cuál es la verdad, y así puedas permanecer en el camino de la verdad.

«Pero Louie», dice la gente. «No tengo tiempo para memorizar las Escrituras». ¿En serio? Tienes tiempo para hacer ejercicio.

Tienes tiempo para leer tres nuevas propuestas de negocio antes del trabajo de mañana. Tienes tiempo para ver una serie de televisión durante el fin de semana. Tienes tiempo para escuchar un *podcast* en tu coche durante tu viaje matutino. Tienes tiempo para entretenerte con pensamientos dañinos en tu mente. Entonces tienes tiempo para memorizar las Escrituras. Si quieres la victoria, tienes que estar dispuesto a luchar. Si no estás listo para luchar, no vas a ganar. Una vez que pierdes la batalla por tu mente, estás acabado. Derrotado.

Comienza a ganar la batalla por tu mente escribiendo la verdad de Dios en fichas y poniéndolas en la bandeja de la bicicleta fija. Cada mañana en el gimnasio, estudia las Escrituras en esas tarjetas durante media hora. O deja de ver un programa de televisión cada dos noches y utiliza ese tiempo para memorizar las Escrituras. O descarga una versión audible de las Escrituras y escúchala en tu automóvil durante tu viaje matutino, eligiendo llenar tu mente con la verdad de Dios, una y otra vez. Puedes empezar a ganar la batalla de tu mente ahora mismo. Renueva tu mente con la verdad. Establece tu mente en esa verdad. Recuérdatela a menudo, y mira cómo Dios te libera.

¿Has pensado alguna vez en todos los versículos de la Biblia que nos instruyen para que coloquemos las Escrituras firmemente en nuestra mente? Permíteme parafrasear solo algunos. El salmo 119:11 te dice que guardes la Palabra de Dios en tu corazón para no pecar. Josué 1:8 te dice que nunca dejes que la Palabra de Dios se aparte de ti. Debes meditar en ella todo el tiempo. Colosenses 3:16 te dice que permitas que la Palabra de Dios habite en ti de manera abundante. Mateo 4:4 dice que debes vivir de acuerdo a la Palabra de Dios como si fuera el alimento de tu vida. Hebreos 4:12 describe la Palabra de Dios como viva y poderosa. Juan 15:7 dice que debes dejar que la Palabra de Dios permanezca en ti. Deuteronomio 11:18-20 te anima a poner la Escritura en tu corazón y en tu mente, escribiéndola en las manos y en la frente, enseñándosela a tus hijos, hablando de ella en casa y cuando estés fuera, pensando en la Escritura cuando te acuestes y te levantes. El salmo 19:7 dice que debes meditar en las Escrituras porque ayudan a convertir tu alma. El salmo 119:32 te anima a correr por los caminos de los mandamientos de Dios, porque él libera tu corazón.

Cuando Jesús fue tentado en el desierto, ¿cómo refutó al enemigo? Citando las Escrituras. «Escrito está... escrito está... escrito está». Esa es la táctica ganadora para nosotros también. La Escritura necesita estar entretejida en tu vida. Necesita estar delante de tus ojos, en tus oídos y en toda tu mente. Necesita estar en tu casa, en tu casillero, en tu computadora, en tu espejo y en tu escritorio. Necesita que se hable de ella, que se cante y que impregne la música que escuchas. La Palabra de Dios puede evitar que peques (Salmos 119:11). Puede ayudarte a superar las preocupaciones (Filipenses 4:6). Establece tu fe y te ayuda a madurar en el Señor (Colosenses 2:6-7). Te ayuda a descubrir la buena y perfecta voluntad de Dios para tu vida (Romanos 12:2). Cuando llenas tu mente con las Escrituras, consigues controlar la lista de reproducción de tu mente.

Te conviertes en el *disc jockey* de tus propios pensamientos.

¿LIBERTAD O CEBOLLAS?

Finalmente, la Biblia indica que puedes jugar a la ofensiva con tu pensamiento. Es muy fácil resbalar. Sucede todo el tiempo. Empiezas a identificar los pensamientos dañinos, a atarlos en el nombre de Jesús y a memorizar las Escrituras, pero te sientes tentado a volver a tu antigua forma de vida. El pasado siempre se ve mejor en retrospectiva de lo que realmente era cuando lo estabas viviendo la primera vez. *Hombre, ¿recuerdas cómo solías refugiarte en esa fantasía? ¿Recuerdas cómo solías escapar a esa forma de pensar?*

Después de que los hijos de Israel fueron liberados de la esclavitud en Egipto, en realidad, soñaban con regresar. Números 11:5-6 registra cómo se sentaron a quejarse del maná, el alimento perfecto que Dios les había proporcionado en el desierto. En lugar de avanzar en la victoria, recordaban con cariño los «pepinos y melones, y puerros, cebollas y ajos» de Egipto. ¡Qué locura! A los israelitas les debían gustar mucho las cebollas. Les gustaban tanto que estaban dispuestos a cambiar su libertad por ellas. *Oh, claro, volvamos a Egipto y seamos esclavos de nuevo para poder comer cebollas.*

Filipenses 4:8 nos ofrece un camino diferente. No nos da una guía paso a paso, sino una brújula. No nos dice específicamente lo que tenemos que pensar, pero nos ofrece varias categorías en las que pensar. Así es como se juega a la ofensiva. En lugar de jugar a la defensiva con los pensamientos dañinos que se te presentan, tomas medidas y colocas deliberadamente pensamientos útiles en tu mente. Estas son las categorías en las que debemos pensar, tal como se encuentran en Filipenses 4:8.

Todo lo que es...
verdadero
respetable
justo
puro
amable
digno de admiración
excelente
digno de elogio

Piensa en estas cosas. Memoriza Filipenses 4:8, y luego piensa en cada categoría como se indica en ese versículo. Pregúntate: «¿Cuáles son las cosas verdaderas en las que puedo pensar ahora mismo? ¿Cuáles son las cosas respetables?». Y así sucesivamente. Repasa todo el versículo. Tal vez los pensamientos que vengan a tu mente se relacionen a versículos específicos. O tal vez simplemente honren a Dios. Pensarás en lo mucho que amas a tu familia. Pensarás en lo mucho que te gusta un deporte. Imaginarás un amanecer perfecto. O estar de excursión con tus amigos.

Esta es una buena manera de cambiar tu narrativa: pasa a la ofensiva pensando en estas cosas a primera hora de la mañana. Llévalas contigo durante todo el día. No dejes de repetirte estas verdades hasta que te duermas por la noche. Otro enfoque es pensar en una categoría cada día, todo el día. Una para cada día de la semana. Imagina los resultados si te concentras en pensar en cosas *admirables* durante todo un día. O bien, agárrate a una verdad bíblica específica para el día, como estas:

- **El lunes.** Mi Dios conoce mi nombre. (Isaías 43:1)
- **El martes.** Mi Dios va delante de mí. (Deuteronomio 31:8)
- **El miércoles.** Todo lo puedo en Cristo que me fortalece. (Filipenses 4:13)
- **El jueves.** Mi sufrimiento actual palidece en comparación con mi gloria futura. (Romanos 8:18)
- **El viernes.** Ningún arma formada contra mí prosperará. (Isaías 54:17)
- **El sábado.** Soy hijo de Dios. (Romanos 8:16)
- **El domingo.** El mismo poder que resucitó a Jesús de entre los muertos vive en mí. (Efesios 1:18-20)

Yo practico eso. Esta mañana temprano, mientras trabajaba en este capítulo, me vino a la mente la idea de que, después de todo, este libro no iba a ayudar a nadie. Tal vez estaba aporreando el teclado para nada. Pensaba: «¿Querrá alguien leer esto? ¿Le importará a alguien?». Toda esa negatividad empezó a nublar mi mente. Me quedé en esos pensamientos durante unos momentos y sentí que me deprimía. Entonces me di cuenta de lo que estaba pasando. En voz alta, en mi estudio, dije: «Señor, necesito ayuda. Sé que esto no viene de ti».

Oré específicamente, llevando esos pensamientos cautivos en el nombre de Jesús.

Entonces pasé a la ofensiva. ¿Cuáles eran las cosas verdaderas, honestas, justas y buenas en las que podía pensar? Empecé a pensar en personas que podrían ser liberadas de pensamientos dañinos en el nombre de Jesús. Pensé en personas que elegirían no dejar que el enemigo se sentara en su mesa. Entonces, un versículo de mi lectura diaria de la Biblia volvió a mi mente, Josué 1:5: «Así como estuve con Moisés, también estaré contigo». Como una bomba, esa verdad desalojó los pensamientos negativos que intentaban asentarse en mi mente.

Ese versículo de la Escritura se convirtió en mi nueva narración para el resto del día. Me recordaba a mí mismo ese versículo cuando volvía al trabajo. El mismo Dios que estuvo con Moisés es el Dios que está conmigo.

Y el enemigo no se sentó en mi mesa.

¿Pero qué pasaría si el enemigo se hubiera sentado? No quiero socavar de ninguna manera la enseñanza bíblica de este capítulo ofreciendo una rápida advertencia. Pero sí quiero reconocer la realidad de Hebreos 12:1-2, que hay pecados que nos enredan muy *fácilmente*. Si pecas, ¿te hundes inmediatamente? Si dejas que la semilla de un pensamiento eche raíces en tu mente, si dejas que el enemigo se siente a tu mesa, ¿todavía hay esperanza? Sí, una gran esperanza: por la abundante gracia de Dios.

OCHO

LA GRACIA QUE SILENCIA LA VERGÜENZA

Después de todos tus esfuerzos alimentados por la oración y la gracia para alejar al enemigo, ¿qué pasa si le das un asiento en tu mesa de todos modos? ¿Ha terminado Dios contigo, o estás descalificado para tener una relación con él o para servirle? La respuesta simple es no. La esencia del evangelio es que Dios perdona los pecados a través de Jesucristo y te hace nuevo. El requisito para ti es la confesión, admitir ante el Señor que has estado entreteniendo los pensamientos del enemigo o actuando según esos pensamientos. Cuando te arrepientes, Dios borra tus pecados. Dios te perdona y te limpia. Dios expulsa al diablo de tu mesa. Proverbios 28:13 señala la fuerza de la confesión: «Quien encubre su pecado jamás prospera; quien lo confiesa y lo deja halla perdón».

Sin embargo, incluso después que los confesamos, a menudo quedan dos consecuencias del pecado: la culpa y la vergüenza. A menudo se agrupan, pero en realidad son diferentes. A veces la gente utiliza estas palabras y conceptos de forma intercambiable, pero es importante ver la distinción.

La culpa te posiciona como responsable de los pecados y las deficiencias. Es un término legal que apunta al remordimiento. Dentro de un marco de justicia espiritual, debes asumir la responsabilidad de las decisiones que tomas cuando esas decisiones no cumplen con la norma de Dios. Has hecho, pensado o dicho algo impropio, deshonroso, falso, innoble, reprensible, impuro o antipático. Le has dado al enemigo un asiento en tu mesa. El mazo cae. El veredicto llega. Por tus acciones o actitudes del corazón, has quedado destituido de la gloria de Dios y eres responsable de ello. Eres culpable.

La vergüenza, en cambio, es el sentimiento que te define por tu pecado y tus defectos. La vergüenza reconoce la culpa, pero entrelaza el pecado con tu identidad. Mientras que la culpa es un estado legal y espiritual, la vergüenza es un estado emocional y mental. Cuando experimentas la culpa, admites que has hecho algo malo. Dices: «Hice algo malo» o «Pensé o dije algo malo». Sin embargo, cuando experimentas vergüenza, asumes el pecado sobre ti mismo. Dices: «Soy algo malo» o «Soy malo».

Quiero abordar tanto la culpa como la vergüenza porque están separadas, aunque tienen la misma solución. El camino para liberarse tanto de la culpa como de la vergüenza es la historia de la gracia. Ciertamente, en un marco legal y social puede ser necesario hacer una restitución o pedir disculpas o cumplir una condena, pagar multas o restablecer la justicia, cosas que pueden ser parte de la solución, sin duda. Pero la solución definitiva es siempre la gracia de Dios. Muchos de nosotros caminamos con el peso de la culpa y la vergüenza. Esto nos impide caminar en la libertad que fue comprada para nosotros en la cruz. No tiene que ser así. Podemos tener la victoria.

LA FUERZA DE LA GRACIA

El camino hacia la libertad está abierto a todas las personas bajo la cobertura de la gracia. La gracia no es algo etéreo, frágil ni insustancial. La gracia tiene agallas, columna vertebral y músculo. La gracia es el gancho de izquierda que destruye el poder del pecado.

Así que veamos primero cómo la gracia destruye la vergüenza. La vergüenza es una fuerza poderosamente destructiva. Te hace sentir como si fueras indigno del amor, la aceptación, los propósitos o los planes de Dios. La vergüenza hace que nos sintamos tan estropeados como dañados sin remedio. Cuando sientes vergüenza, eres propenso a esconderte. Tratas de esconderte de

Dios detrás de la negación o tratando de mantenerte fuera de su camino. O te escondes de la gente detrás de capas, muros, títulos, ocupaciones o logros.

No quieres que nadie te conozca, así que mantienes a la gente alejada. O no quieres que nadie sepa lo que te pasó. La vergüenza nos encierra a ti y a mí en el pasado.

Es muy revelador que cuando Dios creó a Adán y a Eva en el jardín del Edén, la Biblia dice que «estaban desnudos, pero ninguno de los dos sentía vergüenza» (Génesis 2:25). Antes de la caída, todo lo que Dios creó fue descrito como «bueno», y estar desnudo y sin vergüenza era parte de la bondad del Paraíso. Sí, el jardín era hermoso. Sí, había plantas, alimentos y animales. Todo estaba en condiciones prístinas. Y nótese que la descripción máxima de la bondad en el Paraíso era la falta de vergüenza.

Entonces llegó la caída. Adán y Eva tomaron decisiones desastrosas que tuvieron enormes consecuencias. La Tierra se rompió como resultado de sus elecciones. La culpa y la vergüenza entraron en su historia, y también en la nuestra. En un momento, Adán y Eva estaban desnudos y no se avergonzaban; al minuto siguiente, se escondían de Dios, tratando desesperadamente de cubrirse con hojas de higuera.

Afortunadamente, ya en el jardín, Dios elaboró un plan de rescate. Con Adán y Eva, Dios cobijó y vistió a los dos con ropas de piel de animal que hizo para ellos. Dios señaló el futuro y la cruz, cuando la serpiente dañaría a Jesús al golpear su talón, pero

Jesús obtendría la victoria total al aplastar la cabeza de la serpiente (Génesis 3:15). En otras palabras, Dios destruiría el pecado y la muerte y reconectaría plenamente a las personas con los propósitos y la persona de él mismo.

Gracias a la obra de Jesús en la cruz, tú y yo podemos vivir libres de vergüenza. No dejes pasar esa verdad. La vergüenza no tiene que ser parte de tu historia. Hablaremos más de esto en breve.

JESÚS TE HACE LIBRE

En segundo lugar, veamos cómo la gracia es también la solución a la culpa. La gracia de Dios se mueve en tu historia y, a través de la obra de Jesús en la cruz, cancela tu culpa espiritual y te libera. La gracia te posiciona correctamente ante Dios. Hay una pena que pagar por las malas acciones, pero Jesús ya pagó la pena del pecado por ti. Jesús te ha hecho libre.

Incluso en el Antiguo Testamento vemos indicios de la gracia de la que tú y yo disfrutamos hoy. Dios fue continuamente paciente con su pueblo, esperando constantemente que respondieran a su santidad. Isaías 6 registra que él mismo tuvo una visión del Señor y del cielo. Era una visión hermosa y poderosa, y cuando la contemplaba, Isaías no dijo: «Guau, eso es genial». Al contrario, se sintió culpable y exclamó: «¡Ay de mí, que estoy perdido! Soy un hombre de labios impuros y vivo en medio de un pueblo de labios blasfemos, ¡y no obstante mis ojos han visto al Rey, al SEÑOR Todopoderoso!» (v. 5). Isaías se sintió completamente deshecho ante Dios. Isaías vio a Dios e instantáneamente vio la brecha entre quien era él y quien Dios.

La respuesta de Isaías nos señala la obra terminada de Jesús en la cruz. Tú puedes entrar en esa obra terminada por medio del acto de arrepentimiento, cuando dices el equivalente de las palabras de Isaías: «¡Ay de mí! No he cumplido con la norma santa de Dios. No he cumplido con lo que Dios quería. No he alcanzado lo que Dios quería para mi vida. Lo admito. Asumo la responsabilidad por ello. Me doy cuenta de que soy responsable de mis decisiones y de mi pecado ante Dios Todopoderoso». Esto es simplemente cierto: soy responsable de mi pecado, ya sea que lo admita o no responda emocionalmente.

El arrepentimiento no es algo negativo. El acto de admitir la culpa abre una puerta llamada gracia, a través de la cual Dios viene a ti y hace por ti lo que ninguno de nosotros puede hacer por sí mismo. La gracia es lo que se extendió a Isaías. La gran noticia es que los versículos 6 y 7 hablan de un ángel que voló hacia Isaías con un carbón encendido en la mano. Imagínate en el lugar de Isaías. Vio un serafín, un asombroso ser celestial de seis alas, precipitándose hacia él por el aire. El ángel llevaba un carbón ardiente del altar de Dios. Apuesto a que Isaías asumió que todo había terminado; estaba acabado. Isaías esperaba ser exterminado. Sin embargo, el ángel tocó la boca de Isaías y dijo:

«Mira, esto ha tocado tus labios; tu maldad ha sido borrada, y tu pecado, perdonado» (v. 7). Esa fue una gran noticia para Isaías porque significaba que no había sido aniquilado. El arrepentimiento de Isaías abrió la puerta de la gracia. Dios entró por esa puerta y en esencia dijo: «No, no voy a exterminarte. Voy a borrar tu culpa. Tu culpa ha sido eliminada. Tu pecado es perdonado».

Cuando adelantamos la historia al Nuevo Testamento, vemos que ha bajado del cielo otro carbón encendido, el Santo de Dios, Jesucristo. Él dio su vida inocente y asumió nuestra culpa en la colina del Calvario. A través de su muerte, sepultura y resurrección, Jesús hizo sonar la campana de nuestra libertad. Jesús era puro e inocente, y en la cruz tuvo lugar un gran intercambio en el tribunal del cielo. Tú y yo éramos culpables de nuestros pecados y defectos, pero Dios tomó nuestra culpa y la puso en su Hijo inocente y justo. Entonces Dios tomó la inocencia y la justicia de su Hijo y la puso a nuestra disposición. A todo aquel que se arrepiente, Dios le proclama el perdón de la misma manera que el serafín le dijo a Isaías: «Tu maldad ha sido borrada, y tu pecado, perdonado». Por medio de Cristo, eres inocente. Eres justo. Eres liberado por un Dios santo y justo. Toda tu culpa fue tomada por Jesús. Has sido hecho nuevo.

Esto se afirma claramente en 1 Juan 1:9. El apóstol se dirigía a los nuevos creyentes, ayudándolos a entender el poder del evangelio, por lo que escribió: «Si confesamos nuestros pecados, Dios, que es fiel y justo, nos los perdonará y nos limpiará de toda maldad». Eso significa que la acción de tu confesión es de vital importancia. Cuando te confiesas, admites que eres responsable del pecado en tu vida. Estás diciendo: «Lo hice y estuvo mal». Pero aquí está la noticia más importante de todas: si pecas como cristiano, confiesas tu pecado para limpiar el aire en tu comunión con Dios. Gracias a la cruz ya estás perdonado. Jesús no va a volver a la cruz y morir de nuevo. Su obra de perdón está terminada. Así que dices: «Padre, siento mucho haber pecado. Lo confieso. Gracias porque en Cristo soy perdonado. Lo recibo y quiero que me des la gracia y el poder para caminar en una dirección diferente». Confiesas tanto tu pecado como su perdón. Esa es una gran noticia, ¡un verdadero motivo de celebración!

Sin embargo, el enemigo no se quedará quieto en esto. Hará todo lo posible para mantenerte en un viaje de culpabilidad indefinidamente. ¿Reconoces su voz aterradora? *Bien, veo que eres cristiano. Veo que crees que vas a ir al cielo cuando mueras. Bueno, eso es genial. Pero voy a asegurarme de que tu vida se sienta como un infierno ahora mismo señalándote todo lo malo que has hecho, todo lo malo que estás haciendo ahora y todo lo malo que vas a hacer en el futuro. Así es, estoy reservando tus billetes para un crucero de ida. Tu viaje estará lleno de culpa y yo soy el capitán de ese barco.*

Es demasiado fácil subirse a ese crucero. El enemigo se acuerda de todo y traerá a tu vida todos los detalles feos. Trabajará arduamente para convencerte de que si mantienes tus pecados ocultos, todo estará bien. Si tan solo logras ocultar esos pecados lo suficiente, o tal vez si te diviertes lo suficiente, eso es lo que necesitas para sentirte bien.

No. Eso nunca funciona. Es hora de abandonar el barco. Tu culpa nunca se elimina cuando te escondes. Solo cuando la traes a la luz de la gracia de Cristo, tus pecados son perdonados y tu culpa es borrada. En la santa, amorosa y amable presencia de Jesús, puedes decir: «Señor, confieso que he hecho algunas cosas malas. También quiero que sepas que me han hecho algunas cosas malas. Estas cosas me han hecho sentir estropeado. Dañado. Herido. He sido tanto un perpetrador del pecado como una víctima del pecado. Pero quiero tu perdón y tu libertad. No quiero esconderme de ti. Quiero que tus ojos vean todo lo que he hecho y todo lo que me han hecho. Por tu obra, los efectos del pecado son cancelados. Por tus llagas he sido sanado».

EL REDEFINIDO TÚ

La gracia no solo anula la culpa y la vergüenza, sino que también nos redefine a ti y a mí. El mayor cambio de definición es de «fracasado» a «familia».

Nathaniel Hawthorne escribió un libro en 1850 llamado *La letra escarlata*. En la historia, una joven llamada Hester Prynne tiene un bebé en una aventura amorosa. Hester es encarcelada por adulterio y se le hace sentir como una fracasada. Cuando el bebé tiene unos tres meses, Hester es liberada de la cárcel, su deuda inicial con la sociedad está pagada. Sin embargo, para avergonzarla permanentemente, la gente del pueblo hace que Hester permanezca durante tres horas en la picota de la plaza del pueblo con una letra A en tela roja cosida en la parte delantera de su vestido. El legado de la vergüenza pública será su castigo permanente. Durante los años siguientes, Hester es tratada como una desventurada. Se la define por lo que había hecho.

Muchos de ustedes andan con una letra escarlata propia. Están definidos por su pecado. Miras esa letra en tu pecho y dices: «Sí, ese soy yo». O tal vez fue el pecado de alguien más el que se trasladó a tu vida. Incluso entonces, te miras en el espejo y dices: «Estoy dañado. Estoy arruinado». Tomas los fracasos de otras personas y los usas como propios.

Dios cambia tu identidad. El enemigo quiere definirte por tus cicatrices. Jesús quiere definirte por sus cicatrices. La gracia de Jesucristo elimina tu vieja identidad y la reemplaza con una completamente nueva. En 1 Juan 3:1 dice: «¡Fíjense qué gran amor nos ha dado el Padre, que se nos llame hijos de Dios! *¡Y lo somos!*» (cursivas añadidas). Esa es tu nueva identidad. Eres hijo o hija de Dios. Eres un hijo del Rey. Estás inscrito en la voluntad de Dios y eres heredero de todo lo que Dios tiene. Eres un beneficiario del abundante amor de Dios, que te ha cambiado de fracasado a familia. La gracia no solo anula la culpa y la vergüenza; la gracia te redefine. Eres un miembro amado de la familia de Dios, y por eso se te da un asiento en la mesa con Dios Todopoderoso.

EL ENEMIGO QUIERE DEFINIRTE POR TUS CICATRICES. JESÚS QUIERE DEFINIRTE POR SUS CICATRICES.

Considera la vida del apóstol Pedro y cómo Dios lo cambió de fracasado a familia. Un poco de historia ayudará. ¿Sabías que al principio ni siquiera se llamaba Pedro? Su nombre original era Simón, pero cuando Jesús lo conoció, le dio el nombre de Pedro. Pedro tendía a actuar primero y a pensar después. Por eso, cuando Jesús conoció a este pescador rudo y desordenado, lo apodó «la Roca». La personalidad audaz de Pedro salió a relucir en muchos lugares a lo largo de los Evangelios.

La noche de la Última Cena, Jesús organizó una fiesta para sus doce seguidores más cercanos. Se reveló que alguien iba a traicionarle esa noche. Los discípulos no podían creerlo. Particularmente Pedro. Se mostró especialmente expresivo, lleno de indignación y jactancia bienintencionada. *¡Yo no! dijo. Tal vez algunos de estos muchachos se acobarden, pero yo no. Yo nunca te traicionaré. Jamás te negaré. Puedes contar conmigo, Jesús. Te quiero más que todos estos muchachos. Estoy dispuesto a ir contigo a la cárcel y hasta la muerte.*

Jesús lo miró y le dijo: «Pedro, te digo que hoy mismo, antes de que cante el gallo, tres veces negarás que me conoces» (Lucas 22:34).

La Última Cena concluyó. Los discípulos fueron al huerto de Getsemaní, donde Jesús oró intensamente. Judas condujo a los soldados romanos hasta Jesús, y a la tenue luz de las antorchas Judas lo traicionó con un beso. Jesús fue arrestado. Durante el resto de la noche, fue trasladado de un lado a otro de las entidades gubernamentales de Jerusalén. Se burlaron de él, lo despreciaron, lo interrogaron, lo escupieron y lo golpearon. No sabemos dónde estaba el resto de los discípulos, pero sabemos que Pedro lo siguió a la distancia. Al menos sus buenas intenciones lo llevaron hasta allí. Pero entonces llegó la hora de la verdad para Pedro.

En aquella noche impía, Jesús estaba siendo interrogado en casa del sumo sacerdote Caifás. La noche era fría y Pedro estaba afuera, en el patio, calentándose las manos junto al fuego. Había varias personas alrededor, y una mujer joven comenzó a interrogar a Pedro. Ella lo reconoció como uno de los seguidores de Jesús, pero Pedro le dijo que no, que se había equivocado. Otra persona reconoció a Pedro como uno de los seguidores de Jesús, pero de nuevo Pedro lo negó. Una hora más tarde, otra persona reconoció a Pedro como galileo y le preguntó si conocía a Jesús. Ese era el momento de Pedro. La presión era total. Tenía miedo. A esa hora de la noche, debía estar hambriento, solo, cansado y temeroso. Sin embargo, por tercera vez, Pedro negó conocerlo.

Detengámonos un momento, porque ¿no es esa la esencia del pecado? Tú y yo entramos en esos momentos y lugares en los que nos sentimos presionados. Nos sentimos hambrientos, solos, cansados, temerosos o enojados, y enfrentamos la oportunidad de dar un paso hacia Jesús o un paso lejos de él. En esos momentos de presión, es fácil que digamos: «No conozco a Jesús. No quiero tener nada que ver con él. No, no voy a seguir a Jesús en este momento». Pero es mucho mejor que corramos hacia Jesús y le neguemos al enemigo un asiento en nuestra mesa.

Con la tercera negación de Pedro, el gallo cantó. Pedro se dio cuenta de lo que había hecho. Había pecado tremendamente. Durante la Última Cena su amor por Cristo se oyó muy fuerte, pero cuando la presión escaló en el patio de Caifás, Pedro se derrumbó. Y él lo sabía. La Biblia dice que estaba arrepentido y lloró amargamente (Lucas 22:62). La historia continuó y Jesús fue a la cruz como estaba previsto. (Como nota al margen, ¿podemos celebrar el hecho de que incluso si negamos a Jesús, Dios sigue adelante con sus planes? Aunque seamos infieles, Dios sigue siendo fiel). Pedro pudo haber abandonado la misión, pero Jesús no lo hizo.

Así tuvo lugar la muerte y la sepultura de Jesús. El domingo por la mañana temprano, dos mujeres fueron al sepulcro, pero este estaba vacío. Las mujeres se apresuraron a volver y describieron la escena al resto de los discípulos. Pedro corrió inmediatamente al sepulcro. Vio las tiras de tela del sepulcro tiradas solas y trató de encontrarle sentido. Con el tiempo, Jesús se apareció a los discípulos varias veces, pero Pedro y Jesús no interactuaron mucho durante esas primeras veces, al menos no que sepamos. Luego avanzamos hasta el encuentro registrado en Juan 21, y todas las cartas están puestas sobre la mesa.

La historia se desarrolló en Galilea. Pedro y seis discípulos habían ido a pescar. Habían estado toda la noche, pero no lograron pescar nada, y entonces apareció Jesús. Por cierto, algunos estudiosos piensan que no es gran cosa que Pedro y los discípulos hayan vuelto a pescar. Tenían cuentas que pagar. Tenían que seguir con sus vidas. Pero yo veo el acto de volver a pescar como algo negativo. ¿Por qué? Piensa en lo que sabes de la comisión original de Pedro tres años antes. «Vengan, síganme, les dijo Jesús, y los haré pescadores de hombres» (Mateo 4:19). En otras palabras: «Síganme, porque tengo un plan y un propósito para sus vidas». Pero ahora Pedro había vuelto a su antiguo trabajo, a su antigua forma de vivir. Había ignorado su nueva comisión. Había vuelto a pescar. Creo que Pedro sabía que llevaba en su pecho la identidad de «traidor por tres veces», y no creía que un traidor por tres veces tuviera ya ningún lugar en los planes y propósitos de Jesús.

¿Has estado alguna vez en un lugar similar? Has negado a Jesús y ahora te sientes envuelto en la vergüenza. O has ignorado a Jesús, o has pasado por alto a Jesús, o has olvidado a Jesús, y ahora has vuelto a tu antigua forma de vida. Has pecado, le has dado al enemigo un asiento en tu mesa, así que ahora te escondes de Dios. Cuando eso sucede, vas a un lugar familiar, aunque sea parte del llamado de Jesús a tu vida. Vas a un lugar que conoces, y que conoces demasiado bien. Vas al lugar al que es fácil ir pero que rara vez es beneficioso. Puede que no sea un lugar de libertinaje y de pecado flagrante, sino simplemente un lugar en el que crees que puedes vivir sin Dios, tal vez el pecado más flagrante de todos.

En un lugar como ese, es difícil creer que puedas ser restaurado.

EL RESTAURADO TÚ

Volvamos a la historia de Pedro. Justo al amanecer, Jesús se paró en la orilla. Se dirigió familiarmente a los discípulos que estaban en la barca y les preguntó si tenían algo para comer (Juan 21:4-5). Jesús ya sabía la respuesta. En la traducción se nos escapa el matiz. Cuando Jesús llamó a los discípulos en la barca, su declaración implicaba una respuesta negativa. Traducido más literalmente, Jesús dijo algo más parecido a esto: «Chicos, ¿han pescado algo? No, no veo que lo hayan hecho». En la lengua vernácula de hoy, Jesús estaba diciendo: «¿Cómo les está resultando eso?». En otras palabras, han estado fuera toda la noche y nada. «¿Cómo les está resultando eso?». Se habían olvidado de su encargo original. «¿Cómo les está resultando eso?». Has vuelto al lugar familiar y conveniente, pero yo tengo mucho más para ti que este lugar familiar y conveniente. «¿Cómo les está resultando eso?».

Por eso el siguiente consejo es tan poderoso. Jesús les dijo a los discípulos que echaran las redes al otro lado de la barca. ¿No crees que ya lo habían intentado? Habían estado fuera toda la noche. Eran pescadores experimentados. Deben haber probado la parte delantera de la barca, la parte trasera de la barca, el lado derecho, el lado izquierdo. Lo habían intentado todo. Entonces,

¿por qué fue tan diferente cuando Jesús les dijo que echaran las redes al otro lado de la barca?

La diferencia era que Jesús respaldaba esa declaración. Pedro y los discípulos tuvieron la oportunidad de seguir la voz de Jesús. Era como si Jesús les dijera, y particularmente a Pedro: «Sígueme. Incluso ahora. Incluso aquí. Incluso cuando hayas vuelto a tus viejos caminos». Isaías 30:21 hace una llamada similar: «Ya sea que te desvíes a la derecha o a la izquierda, tus oídos percibirán a tus espaldas una voz que te dirá: "Este es el camino; síguelo"». Esa es la voz de Dios. ¿Estás escuchando?

Afortunadamente, Pedro y los discípulos siguieron la voz de Jesús, y sus redes se llenaron al instante. Estaban a unos cien metros de la orilla. Pedro se entusiasmó tanto que saltó al mar y nadó hasta tierra para ver por sí mismo que realmente era Jesús. Los demás discípulos le siguieron en la barca, arrastrando las redes llenas. Cuando llegaron a la orilla, vieron un fuego de carbón y pan fresco. Jesús invitó a los discípulos a desayunar con algunos de los peces que acababan de pescar. Me encanta que esta fuera la invitación de Jesús a los chicos, incluido Pedro. Jesús no estaba allí para interrogar a Pedro. Jesús simplemente invitó a Pedro a desayunar en la playa.

¿Cómo nos restaura Jesús a ti y a mí después de haber caído? La forma en que Jesús respondió a Pedro es clave para nosotros hoy. Pedro había negado a Jesús en un momento de gran necesidad para él, y ahora Jesús tenía todo el derecho de avergonzarlo. A identificarlo por su pecado. Nadie se habría sorprendido si Jesús hubiera dicho algo así «¡Oye, Pedro! He oído que me has negado tres veces. ¿En serio? No me gusta tener que decir te lo dije, pero te lo he dicho. ¿Por qué me decepcionaste en el momento más crítico de mi misión? ¿Estás siquiera arrepentido? No vales nada, Pedro. Eres un inútil. Eres un hipócrita. Vete de aquí». No, él no le dijo nada de eso a Pedro, y no nos dice nada de eso a ti y a mí. Simplemente le dijo a Pedro: «Ven a desayunar» (Juan 21:12). En otras palabras: «Acércate a mí. Seguro que tienes hambre. Aquí tienes un poco de pan caliente horneado. Aquí tienes pescado asado recién salido de la parrilla. Apuesto a que estás cansado, frío y mojado. Ven junto a este cálido fuego. Siéntate y descansa un rato y seca tu ropa húmeda».

¿Qué crees que te dirá Jesús cuando te lleve a desayunar? A menudo adoptamos la voz del acusador en nuestras propias vidas. Debemos llamar al pecado por lo que es, reconocer que el pecado está muy lejos de lo que Dios quiere para nuestras vidas. Pero después de pecar añadimos palabras de acusación y las amontonamos sobre nosotros mismos. Nos decimos a nosotros mismos que estamos eliminados, que somos unos inútiles y que estamos acabados. O nos imaginamos a Jesús diciéndonos esas cosas. Sin embargo, Romanos 8:1 dice: «Por lo tanto, ya no hay ninguna condenación para los que están unidos a Cristo Jesús». Jesús nos dio una imagen perfecta de ese versículo en su trato con Pedro. Jesús nos ofrece una bondad similar.

Después de la comida, Jesús tuvo otras palabras amables para Pedro. A veces nos imaginamos a Jesús y a Pedro caminando por la playa a solas para poder tener una conversación privada, pero Juan registró las siguientes palabras, así que debe haber estado al alcance de su oído. Creo que esta conversación tuvo lugar alrededor de la hoguera, con el resto de los discípulos allí. Jesús hizo una pregunta de tres maneras diferentes. Esencialmente, quería saber: «Pedro, ¿me amas? ¿Me amas más que a estas barcas, redes y peces y estas cosas por las que habías dado tu vida, pero de las que te he llamado?».

Cuando Pedro afirmó su amor por el Señor, Jesús le respondió: «Apacienta mis ovejas» (Juan 21:17).

Allí mismo, Jesús hizo más por Pedro y más por nosotros, de lo que podemos imaginar. Jesús le estaba diciendo a Pedro que no había terminado. Pedro iba a ser la roca sobre la que se establecería y llevaría adelante la misión de Dios. Jesús le estaba diciendo a Pedro que su identidad no iba a ser la de un negador de Jesús. Él iba a ser un héroe de la fe y una leyenda en la iglesia. De hecho, Pedro iba a predicar muy pronto el evangelio con el poder del Espíritu Santo, y ese día se salvarían tres mil personas (Hechos 2:14-42).

Por supuesto, la negación de Jesús por parte de Pedro tuvo consecuencias. Dos mil años después, seguimos estudiando la historia. La negación de Pedro no se ocultó ni se borró de la memoria de la humanidad. Hubo consecuencias para Pedro, al igual que hay consecuencias para tus decisiones y las mías.

Sin embargo, Jesús nunca se centró en el fracaso. Se centró en la restauración. La gracia eliminó la culpa y la vergüenza de Pedro. La identidad de Pedro ya no estaba envuelta en la negación. Pedro fracasó, pero no fue un fracaso. No era un inútil. La vida de Pedro ya no estaba marcada por la vergüenza. La gracia redefinió a Pedro como amigo y miembro de la familia de Dios Todopoderoso.

Eso es lo que la gracia de Dios hace por ti y por mí también.

EL RADIANTE TÚ

Es tan fácil sentir los efectos de la culpa y la vergüenza, revolcarse en ellas durante mucho tiempo, incluso durante toda la vida. Cada vez que nos revolcamos en la culpa y la vergüenza por nuestros pecados, nos estamos etiquetando como «bienes dañados». O si nos ha pasado algo malo y estamos afectados por los pecados de otros, es fácil andar con las etiquetas de «abusado» o «herido» o «dañado». Pero eso no es lo que tú eres. Jesús dice: «No, esa no es tu identidad. El pecado es lo que te hicieron, o a veces es lo que hiciste, pero el pecado no es lo que eres. Tú eres de la familia. Eres una hija del Dios Todopoderoso, o un hijo del Dios Todopoderoso. Eres un heredero del Rey del universo. Eso es lo que realmente eres».

Cuando Jesús te invita a desayunar en la playa, simplemente te pregunta si le amas. Si tu respuesta es afirmativa, Jesús procede a la restauración. Él dice: «Eso es genial. Mi gracia cubre tu culpa. Mi gracia cambia tu vergüenza. Quiero que te conviertas en un líder en mi iglesia. Quiero que alimentes a mis ovejas. Quiero que seas parte de mi misión. Quiero que ames a Dios y ames a otras personas en mi nombre. No tienes que sentarte en la última fila por el resto de tu vida. No tienes que vivir en las sombras. No tienes que construir muros de protección a tu alrededor. No tienes que esconderte de las personas que te aman y se preocupan por ti. Ellas te ayudarán a amarte y a restaurar tu integridad, y tu llamado es ayudar a llevar mi nombre al mundo, y quiero que estés en primera fila en esa misión. Eres mi instrumento elegido para llevar a cabo los planes y propósitos de Dios. No vas a vivir definido por la vergüenza o la culpa. Vas a vivir definido por mí. Ya que me amas, no retrocedamos. Vayamos juntos hacia adelante».

El enemigo quiere torcer eso. Quiere seguir sentado en tu mesa, charlando contigo. El enemigo quiere que escuches su voz. El enemigo quiere que pierdas la batalla por tu mente. El enemigo quiere que mires de reojo al Señor. Pero el salmo 34:5 te señala una dirección diferente: «Radiantes están los que a él [a Jesús] acuden; jamás su rostro se cubre de vergüenza». ¿Te consideras «radiante»? Esa es una imagen poderosa y lo opuesto a la vergüenza. Si estás mirando al Señor, estás radiante. Tu rostro refleja la luz y el amor de Cristo. Nunca estás cubierto de vergüenza.

Puede ser difícil perdonarse a sí mismo. Lo entiendo. Sin embargo, tu nueva identidad no surge de que te desahogues. Tu nueva identidad surge de la comprensión de que Jesús te perdona. Jesús te hace libre. Tu nueva identidad se forma cuando te pones de acuerdo con Jesús. Él dice que eres un hijo o una hija de Dios. Jesús dice que estás perdonado. ¿Estás de acuerdo con él?

Si Jesús dice que puedes avanzar, puedes avanzar.

NUEVE

TAMBALEANTE POR LA MONTAÑA

A menudo, en los eventos deportivos, la organización local prepara una promoción para los aficionados en el estadio que consiste en seleccionar al azar a un par de personas sentadas en la sección más alejada del juego y trasladarlas a la primera fila. En la pantalla de video se ve a la pareja perder la cabeza por la emoción mientras un acomodador llega para acompañarlos desde los asientos baratos, a los que están más cerca de la acción. De los de mala muerte a los de más nivel del club. Todo el mundo quiere el mejor asiento.

Esto nos lleva al concepto más desconcertante del salmo 23, que ya hemos tocado, pero que quiero explorar con mucha más profundidad. Realmente, este es el quid del libro. ¿Por qué Dios te puso la mesa *en presencia de tus enemigos*? ¿Por qué tienen asientos de primera fila en tu mesa?

¿No tendría más sentido que la mesa estuviera simplemente en la presencia de él? ¿Por qué no vencer a los enemigos? ¿Cambiar las circunstancias? ¿Deshacerse del cáncer? ¿Traer de vuelta a tu ser querido? ¿Acabar con las voces que difunden las mentiras?

Para descubrir la respuesta, imagina de nuevo la mesa. Has sido invitado a un banquete. La mesa está cubierta con todas las cosas que te satisfacen y sustentan. Sin embargo, no te interesa principalmente el tamaño de las fresas o del filete que está perfectamente asado a tu gusto. Has empezado a darte cuenta de que el poder de esta mesa no es lo que hay en ella, sino quién está en ella. Estás sentado con el Rey. No con un rey terrenal cualquiera. Estás cenando con el Rey de los tiempos. El Dios del cosmos. Estás en la mesa con la persona más sabia, más amable, más cariñosa, más creativa, más alegre e interesante del universo.

En medio de las batallas que se libran, él está cerca. El Buen Pastor está disponible y accesible. Te ha invitado a profundizar en tu relación con él tanto como desees. Deja que esto se asimile por un momento; el Rey del universo quiere pasar un tiempo a solas contigo.

Shelley y yo tenemos una goldendoodle llamada London. Conocer a esta perra es amarla. Es increíble y tiene mucho protagonismo en nuestro mundo. Es muy tranquila y tiene un don para hacer que la gente se sienta bien. También tiene un don para los bocadillos. Siempre que la sacamos a pasear, desconocidos nos paran por la calle y nos piden saludarla y acariciarla. No nos saludan a nosotros. Solo quieren preguntar acerca de nuestra perra.

El nombre de London también es especial para nosotros, porque lleva el nombre de una ciudad que a Shelley y a mí nos encanta. Viajamos por primera vez a Londres en 1988 y hemos vuelto a lo largo de los años, unas veces para proyectos misioneros con estudiantes universitarios, otras para eventos Passion, y aun otras simplemente para explorar la ciudad. Tenemos amigos que viven en todo Londres, así que también hemos podido ver la ciudad a través de los ojos de sus habitantes. Hemos grabado música en los estudios Abbey Road. He podido ver el Parlamento tras bastidores. Hemos hecho eventos de Passion en el Eventim Apollo y en el SSE Arena de Wembley.

Después de haber pasado tanto tiempo en Londres, Shelley y yo diríamos que conocemos la ciudad bastante bien porque a lo largo de los años la hemos ido dividiendo y cortando en trozos pequeños para poder apreciarla y verla. No hemos agotado todo lo que hay que saber sobre esta ciudad, ni siquiera nos acercamos, pero si nos preguntan si conocemos Londres, diremos que sí. No nos limitamos a conocer datos sobre la ciudad. Hemos hecho una inmersión profunda. Hemos investigado. Hemos explorado. Hemos examinado, estudiado, buscado y encontrado.

¿Te das cuenta de que podemos conocer al Dios Todopoderoso de esta manera? ¿Podemos entender esta verdad?

La invitación es asombrosa. Pero no es simplemente una invitación a conocer más datos sobre el Todopoderoso. Shelley y yo podríamos haber aprendido muchísimo sobre la ciudad de Londres leyendo libros y hablando con otras personas. Pero eso es muy diferente a estar allí en persona.

Hay un Dios de infinita grandeza, y te ha invitado a conocerlo profunda, estrecha y ricamente. La invitación es a sentarte con él. A experimentarlo por ti mismo. A estar en su presencia. Cuando te das cuenta de la magnitud de esta posibilidad, ves que no hay nada en tu vida más valioso o gratificante que tu búsqueda plena de conocerle.

Eso es importante porque una de las cosas más fuertes que podemos hacer para evitar que el enemigo se siente en nuestra mesa es estar completamente fijados en el Anfitrión que está sentado en nuestra mesa con nosotros. Oh, claro, sabemos que el enemigo está afuera. Está merodeando como un viejo león rugiente, buscando a quien devorar. Sin embargo, nuestra mirada está fija firmemente en el Dios de la gloria. Estamos cautivados por lo que es él y por toda la bondad que tiene con nosotros. Ganamos la batalla por nuestra mente centrándonos firmemente en Jesús.

SIN PALABRAS ANTE LA BELLEZA

Para conocer verdaderamente a Dios, hay que aprender a quedarse con él.

Mi suegro es uno de los hombres más importantes de mi vida. Es una leyenda para mí y para todos los que lo conocen, pero se mueve rápido. Cuando Shelley y yo empezamos nuestro noviazgo, salíamos a comer con sus padres. Llegaba la comida y nos poníamos a charlar. Yo seguía comiendo, pero cuando miraba el plato de su padre, estaba vacío. Pensaba: *Sé que ese plato tenía comida hace solo cuarenta y cinco segundos.* Decidí ponerme la meta de que al menos una vez me comería toda la comida antes que él. En cuanto mi plato estuviera en la mesa, se acabaría la conversación. Comería lo más rápido posible. Pero levantaba la vista y, efectivamente, ¡su padre ya había terminado!

Había aprendido a acelerar el ritmo cuando nos unimos a la madre y el padre de Shelley en un viaje por el noroeste de Canadá después de casarnos. Al final llegamos a la isla Victoria, donde planeamos visitar los Jardines Butchart, a menudo considerados como una de las maravillas del mundo. Yo estaba preparado para pasar un día entero contemplando las maravillas pero, de nuevo, el padre de Shelley se mueve rápido.

Adivina cuánto tiempo pasamos allí. ¿Todo el día? ¿La mitad del día? No, pasamos un total de veintisiete minutos en los Jardines Butchart. Y ocho de esos minutos fueron para tomar un helado. El padre de Shelley tenía una cámara de vídeo grabando todo el tiempo mientras caminábamos a paso ligero por los jardines.

En cuanto nos dieron el helado, preguntó: «Muy bien, ¿están listos? Vamos».

Dijimos: «No, acabamos de llegar. Queremos disfrutar de este increíble lugar».

Dijo: «Pero lo tenemos todo grabado. Así que cuando lleguemos a casa podremos ver los Jardines Butchart en la televisión».

Teníamos demasiada prisa para quedarnos.

Permanecer con el Todopoderoso es la mejor defensa contra el enemigo que está tratando de llegar a tu mesa. Dejas de mirar al enemigo y empiezas a mirar a Dios. Claro que hay estrategia en conocer las tácticas del enemigo, en aprender cómo evitar que el enemigo se siente. Pero hay una estrategia aún mayor para cambiar la defensiva por la ofensiva, lo negativo por lo positivo. Cuando nos centramos de todo corazón en Dios y buscamos su rostro (Salmos 27:8), suceden grandes cosas. Sí, cosas maravillosas inundan tu vida cuando cultivas un increíble deseo de probar y ver que el Señor es bueno (Salmos 34:8).

Como señaló C. S. Lewis, muchas personas se centran en disminuir nuestro deseo por las cosas mundanas, pero «parecería que nuestro Señor encuentra nuestros deseos no demasiado fuertes, sino demasiado débiles. Somos criaturas asustadizas que pierden el tiempo con la bebida, el sexo y la ambición cuando se nos está ofreciendo una alegría infinita, como un niño ignorante que quiere seguir jugando con el barro en los suburbios porque no se puede imaginar lo que significa el ofrecimiento de unas vacaciones junto al mar. Nos contentamos con demasiada facilidad».[1]

Recibí una gran dosis de esta extraordinaria invitación a conocer al Todopoderoso durante mis años de universidad, cuando un amigo y yo hicimos un viaje por carretera de seis semanas acampando en los parques nacionales de nuestro país. Me hacía especial ilusión ver el majestuoso Monte Rainier en la cordillera de las Cascadas, cerca de Seattle, porque había estudiado el volcán cubierto de glaciares en una clase de geografía en Georgia State University. Incluso había aprobado el examen. Sabía casi todo sobre esa montaña.

O eso creía.

Mi amigo y yo subimos la montaña hasta el punto más alto al que podíamos llegar. Estábamos a dos mil metros sobre el nivel del mar y pensé que le contaría a mi amiga todo lo que había aprendido en mi clase de geografía sobre la montaña. Pero cuando salimos y miramos a nuestro alrededor, me derrumbé en un caudal de lágrimas. Nunca pude pronunciar mi discurso. La montaña era demasiado grande. Demasiado magnífica. Demasiado brillante. La montaña me dejó perplejo. Sin palabras ante su belleza.

La noche siguiente estábamos acampando en Coos Bay, Oregón, y me quedé despierto mirando el techo de lona de la tienda, teniendo una conversación con Dios, preguntándole qué había sucedido con mi respuesta al ver el Monte Rainier. Dios habló a mi corazón: «Louie, ayer aprendiste algo poderoso. Aprendiste la diferencia entre saber mucho sobre algo y experimentar realmente algo de cerca. Llegaste a la montaña con información. Pero ayer vislumbraste una revelación».

Aquella noche en la tienda, Dios me dejó claro que tenía una elección en la vida: podía ser una persona que supiera de Dios, o podía aceptar la invitación a conocerlo de verdad. Tenía muchos conocimientos sobre Dios, pero lo que experimenté en el Monte Rainier lo cambió todo. Necesitaba ir más allá de la información que sabía sobre Dios para conocer a Dios de verdad, íntimamente.

Esa invitación se extiende también a ti.

CONOCER A DIOS

¿Cómo ocurre eso? ¿Cómo se llega a conocer a este Dios Todopoderoso? Llegas a él a través de la Palabra de Dios y de la persona de Jesucristo, que dijo: «El que me ha visto a mí ha visto al Padre» (Juan 14:9). Llegas con la ayuda del Espíritu Santo, que te guía a la verdad (Juan 14:26). Se llega a conocer a Dios descubriendo sus atributos. Como dijo A. W. Tozer: «Un atributo de Dios es todo aquello que Dios haya revelado de alguna forma como verdadero con respecto a sí mismo».[2]

Los atributos de Dios no pueden agotarse, porque Dios es infinito. He aquí un ejemplo fácil: Dios es amor. Esta verdad se refleja en toda la Escritura, pero especialmente en 1 Juan. Dios no es una fuerza nebulosa de energía en el cosmos. En realidad, es un Dios con personalidad, y eso incluye plena voluntad y emoción.

Y lo que impulsa su voluntad y guía la emoción de Dios es el amor. «Porque de tal manera amó Dios al mundo, que ha dado a su Hijo unigénito» (Juan 3:16 RVR1960). «Mas Dios muestra su amor para con nosotros, en que siendo aún pecadores, Cristo murió por nosotros» (Romanos 5:8 RVR1960). Cuando miras el amor de Dios y estudias el amor de Dios y meditas en el amor de Dios, entonces llegas a conocer el amor como uno de los atributos más extraordinarios de Dios. Ves que el corazón de Dios es amor. Ves que el amor por la gente es uno de sus mayores motivadores. Cuando ves a Dios como un Dios de amor, empiezas a conocerlo de verdad.

O piénsalo así: si te preguntara si conoces el juego de fútbol, es muy probable que dijeras que sí. Es decir, en cualquier parte del mundo, dirías que sí. Todo el mundo conoce el fútbol (o el fútbol americano, para los que están fuera de Estados Unidos). Vale, pero ¿qué tal si te pregunto si sabes cuántos jugadores hay en el campo durante un partido de fútbol? Tal vez el acervo de experiencia sea un poco menor, pero aun así mucha gente en todo el mundo sabe que son once jugadores por equipo. Vale, pero ¿qué tal si te pregunto si sabes el nombre del equipo de fútbol profesional de Atlanta? Bueno, un poco más pequeño aún, pero muchos estadounidenses, si les gusta el deporte, habrán oído hablar del Atlanta United. Pero ¿y si te pregunto si sabes el último año en que el Atlanta United ganó el campeonato de la MLS? Un poco menos aún. Pero ¿recuerdas el nombre del jugador que más goles metió en la temporada del campeonato del United en 2018? ¿Puedes recordar que fue el increíble venezolano Josef Martínez?

Oh, pero todos sabemos de fútbol, ¿verdad?

Quiero decir que se puede conocer el fútbol, y luego se puede *conocer* de verdad el fútbol. Alguien puede haber visto un partido de fútbol unas cuantas veces en la televisión, pero otra persona ha visto todos los partidos en casa, ha viajado a todos los partidos fuera de casa de su equipo favorito, y conoce el nombre y el número de la camiseta de cada jugador del Atlanta United. Hay muchas maneras de saber algo.

La ilustración del fútbol se rompe en el sentido de que Dios es Espíritu y Dios tiene personalidad. Conocer a Dios no es como desmontar un cortacésped. Así que pongamos esto en una escala interpersonal; consideremos los niveles de profundidad que se pueden explorar al conocer a otra persona. Si se le pregunta a una pareja que lleva dos días saliendo, qué saben y qué les gusta del otro, la mujer podría decir: «Bueno, es alto. ¡Mmm! Y es dulce. Y es muy divertido». Y ese conocimiento es cierto, y es real, pero ciertamente no es todo lo que hay que saber sobre una persona.

Pregúntale a una pareja que lleve veinte años felizmente casada lo que sabe y ama del otro, y te contará una historia completamente diferente. Será una lista de cuatro horas. La mujer podría decir: «Bueno, el modo en que trata a nuestros hijos con tanta amabilidad, el aspecto que tiene cuando vuelve a casa después de correr, el modo en que es paciente con sus suegros, el modo en que es amable con todos los que conoce, el modo en que tiene un ingenio rápido, el modo en que puede responder a todas las emociones difíciles que he tenido, el modo en que mantiene a nuestra familia, el modo en que no sale corriendo por la puerta después de que hayamos tenido una discusión, el modo en que hablamos de nuestra fe juntos. Amo a esta persona, no porque haya leído su currículum o pueda hacer un resumen de cuatro segundos de quién es, sino porque hemos estado en contacto estrecho todos los días de nuestras vidas durante los últimos veinte años. Conozco sus rasgos. Conozco sus gestos. Conozco su carácter. Conozco sus pensamientos. Conozco sus acciones. Sé lo que le importa. Conozco su corazón».

Cuando se trata de conocer a Dios, él te invita a no conformarte con un conocimiento superficial. Te invita a un conocimiento profundo y personal de él en el que explores su gracia, su amor, su misericordia, su inmensidad, su pureza, su santidad y su omnipotencia. Puedes saber cómo te ayuda. Cómo te cuida. Cómo te provee. Cómo nunca te falla. Cómo hace las cosas para tu bien. Cómo está lleno de sabiduría. Cómo es rico en consejos. Cómo nunca cambia. Cómo está siempre en todas partes, pero puede amarte individualmente. Cómo está lleno de justicia. Cómo es bondadoso. Cómo es clemente. Cómo es infinitamente hermoso, poderoso y glorioso.

Dios quiere ser conocido por ti, y tú puedes saber tanto de él como tengas el apetito y el deseo de saber.

VISIONES DE DIOS

Veamos dos de los atributos de Dios en profundidad. Estos atributos no son todo lo que Dios es, pero te abrirán el apetito para conocerlo más. Y conocer a tu Pastor de esta manera te ayudará a no darle al enemigo un asiento en tu mesa.

En primer lugar, Dios es santo, y en segundo lugar, Dios está lleno de gloria. Estos dos atributos están dentro del paquete de la verdad que conocemos de Dios. Están muy cerca el uno del otro tal y como se presentan en las Escrituras y en la persona de Jesucristo.

Bien, Dios es santo. ¿Qué significa eso, por qué debería importarte, y por qué querrías saber más sobre la santidad de Dios? Dios está lleno de gloria. Las mismas preguntas. Puedes ver la gloria de Dios en todo el universo, pero ¿qué diferencia hay para ti y para mí en saber más sobre la gloria de Dios?

Tratemos con Isaías 6, el pasaje que vimos en el último capítulo. Aprendimos cómo vio el profeta una visión de Dios y cómo respondió reconociendo su humanidad y recibiendo la misericordia de Dios. La culpa de Isaías fue eliminada por la brasa. Pero profundicemos en ese mismo texto, porque hubo muchas cosas que ignoramos al principio. A saber, que Dios le dio a Isaías una revelación no solo sobre sí mismo, sino *dentro de* sí mismo. En el texto, Dios aparece sentado en un magnífico trono. Excelso y sublime, y las orlas de su manto llenaban el templo. Los ángeles de seis alas, llamados serafines, vuelan por encima de él, y los serafines se cubren la cara y los pies con un conjunto de alas mientras vuelan. Clamando: «Santo, santo, santo es el Señor Todopoderoso; toda la tierra está llena de su gloria» (Isaías 6:3).

Este pasaje nos ofrece una visión muy personal de Dios. Vemos visiones similares en los libros de Apocalipsis y Ezequiel. Estas visiones son pequeños vislumbres del cielo donde estos increíbles seres espirituales, los ángeles, están simplemente asombrados por Dios; están tan asombrados que ni siquiera pueden mirarlo. En honor a él se cubren los pies. ¿Y qué atributo de Dios gritan estos ángeles? No están llamándolo: «Fuerte, fuerte, fuerte». No están llamándolo: «Fiel, fiel, fiel». No lo llaman: «Trascendente, trascendente, trascendente». No están llamándolo: «Inmutable, inmutable, inmutable». A pesar de que Dios es todas esas cosas y más, los ángeles tienen un enfoque como un láser. No se tropiezan con las palabras. No están tratando de debatir conceptos teológicos. No están buscando en su software bíblico una cita inspiradora. No. Acampan en la santidad de Dios. Clamando: «Santo, santo, santo».

¿Qué es la santidad? Los ángeles nos dirigen a la perfección de Dios, la pureza de Dios, la impecabilidad de Dios. Pero incluso esas palabras no transmiten plenamente lo que es la santidad.

El vocablo *santo* viene de la palabra hebrea *cadásh*. Esta transmite dos conceptos estrechamente relacionados: «sagrado» y «apartado».[3] Eso es lo que claman los ángeles: «¡Eres sagrado y estás apartado! ¡Eres sagrado y estás apartado! ¡Eres sagrado y estás apartado!».

Cuando decimos «apartado», significa que Dios está en su propia liga. Él está en su propio campo de juego. No hay nada ni nadie como él. Así que a la luz de eso, cuando dices: «Quiero poner al Señor primero en mi corazón», eso es correcto. Dios no puede ser relegado a un segundo o tercer o cuarto lugar. Lo reconozcamos o no, él siempre es el primero, el mejor, el ganador, y él es el único en esa posición. No está corriendo una carrera con nadie más, y no le ganó a Jo-Jo en la cinta con una inclinación. Jo-Jo ni siquiera está en la misma carrera. Nadie está en esa carrera. Nada está en esa carrera. Dios es santo, sagrado y apartado. En Éxodo 15, que incluye el primer canto de alabanza tras la liberación de los israelitas de Egipto, encontramos esta lírica en el versículo 11: «¿Quién, Señor, se te compara entre los dioses? ¿Quién se te compara en grandeza y santidad? Tú, hacedor de maravillas, nos impresionas con tus portentos». Ese es nuestro Dios.

¿En qué consiste la gloria de Dios? Pensamos que la gloria es la fama, o la gloria de una ciudad, o llegar a la portada de una revista. Pero eso es alabanza de papel de aluminio. La gloria de Dios es muy diferente. La gloria de Dios no es efímera. Su gloria no se mide en un titular. La palabra hebrea para gloria es *kabód*, que transmite dos conceptos: «peso» y «riqueza».[4] Dios tiene una sustancia y un valor incalculables. Es pleno en magnitud y no tiene precio. Esa es la gloria de Dios.

En el hebreo, si una palabra o superlativo se repite, esencialmente duplica su énfasis. Muy pocas veces en la Escritura se triplica una palabra o superlativo para dar énfasis. En Isaías 6, la idea es esta: «Dios, tú eres sagrado y apartado. Tu peso y tu riqueza no se pueden medir. Repite todo eso, y repite todo eso. Dios, no solo eres santo…

«¡Eres santo, santo, santo!».

SUBIR A LO ALTO DE LA MONTAÑA

La elección de conocer a Dios más plenamente es tuya. Gracias a Jesús, no hay barreras para conocer a Dios. No siempre fue así. En el Antiguo Testamento había límites. La gente tenía que mirar hacia adelante con fe, creyendo que las barreras que el pecado creaba entre ellos y Dios serían derribadas un día a través de la obra de un Salvador.

Jesús hizo un camino para que lleguemos a la presencia de Dios. Para conocerlo realmente sin límites. Pablo describió esto en 2 Corintios 3. El ministerio de Dios solía estar escrito en tablas de piedra, pero ahora ese ministerio está escrito en nuestros corazones. Pablo continuó diciendo: «Así que, como tenemos tal esperanza, actuamos con plena confianza. No hacemos como

DIOS TIENE UNA SUSTANCIA Y UN VALOR INCALCULABLES. ES PLENO EN MAGNITUD Y NO TIENE PRECIO. ESA ES LA GLORIA DE DIOS.

Moisés, quien se ponía un velo sobre el rostro para que los israelitas no vieran el fin del resplandor que se iba extinguiendo» (vv. 12-13). El resultado ahora es que todos nosotros, con el rostro descubierto, contemplamos la gloria del Señor, y estamos siendo transformados a su imagen. La cruz y el Espíritu nos han traído la libertad. ¿Y cuál es esta libertad? Llegar con valentía a su presencia. Para llegar tan alto como queramos en la montaña de Dios.

Eso es lo que Cristo ha hecho por nosotros. Cuando los ángeles anunciaron su nacimiento, dijeron: «Gloria a Dios en las alturas» (Lucas 2:14). El mayor peso y la mayor riqueza han venido a la tierra en Cristo. Es una verdad asombrosa para nosotros hoy. Jesús nos abrió el camino para llegar a la presencia misma de Dios «santo, santo, santo». Cuando Jesús murió: «...el velo del templo se rasgó en dos, de arriba abajo» (Mateo 27:51 RVR1960). Gracias a Jesús, la separación entre Dios y el hombre ya no tiene por qué existir. Tenemos acceso al Padre. Hebreos 10:19-20 nos lo explica explícitamente: «Así que, hermanos, mediante la sangre de Jesús, tenemos plena libertad para entrar en el Lugar Santísimo, por el camino nuevo y vivo que él nos ha abierto a través de la cortina, es decir, a través de su cuerpo».

Dios nos invita a subir a lo alto de su montaña, pero es demasiado fácil quedarse al pie de ella sin entender en lo más mínimo lo que eso significa. Te invita a subir más alto, a llegar hasta arriba. A medida que subes la montaña descubres que Dios tiene un poder infinito. Un amor infinito. Belleza infinita. Majestuosidad infinita. San Agustín dijo: «Nos has hecho para ti, e inquieto está nuestro corazón hasta que descanse en ti».[5]

¿Quieres saber cómo mantener al enemigo lejos de tu mesa? Sube a la montaña de Dios. Siente algo del peso de la riqueza de su majestuosidad. En el proceso serás cambiado. Las Escrituras nos dicen claramente que nos convertimos en lo que adoramos (Salmos 115:8). Cuando fijamos nuestra mirada en el Todopoderoso, nos transformamos a la semejanza de aquel que ha cautivado nuestras almas. Y reflejamos su gloria.

BRILLAR EN LA LUCHA

¿Recuerdas la verdad que vimos antes en el salmo 34:5: «Radiantes están los que a él acuden»? Cuando pones tu mirada en Jesús, tu semblante cambia. Literalmente. La esperanza comienza a brillar en tus ojos. Surge una sonrisa donde antes había una expresión decaída. ¿Lo ves? Estás sentado con tu Rey en medio del conflicto. Tus enemigos tienen asientos en primera fila. Dios los ha desplazado de la cubierta superior y les ha dado un punto de vista cercano. ¿Qué es lo que ven? ¿Te ven debilitándote bajo la presión o devolviéndoles la mirada? No, te ven resplandeciente mientras miras fijamente el rostro de la majestad.

¡Guau! Esto nos lleva a la esencia de la pregunta: *¿Por qué poner la mesa en medio de los enemigos?* Porque la historia en la que estamos es sobre la grandeza de nuestro Dios. Obtenemos los beneficios de ser guiados por el Buen Pastor. Pero Jesús se lleva la gloria por ser el mayor Pastor de todos.

La gloria de Dios importa más que nada. Si la gente no sabe lo grande, ni la inmensidad de la gracia ni lo bueno que es él, ¿cómo no van a elegir algo de menor valor? ¿Cómo van a saber que él es mejor que todo lo demás si no lo ven expuesto en alguien como tú? Recuerdo sobriamente a los veintiún mártires que fueron ejecutados mientras estaban arrodillados a la orilla del mar Mediterráneo en Libia hace unos años, simplemente por ser cristianos.[6] Sin embargo, solo la eternidad conocerá el impacto del semblante radiante que mostraban mientras adoraban al Todopoderoso ante la muerte. Seguramente sus captores se preguntaron: «¿Qué clase de hombres son estos que cantan al cielo cuando la hoja del cuchillo se acerca a ellos?».

La mesa está en presencia de los enemigos porque Dios quiere que sepas que siempre tendrás suficiente para cada momento, cada lucha. Él te sostendrá en cada noche oscura. Y Dios quiere que los enemigos te vean brillar. ¿Por qué? Porque con el tiempo dejarán de mirarte y dirigirán su atención a aquel que tiene la capacidad de mantener tu rostro resplandeciente (Romanos 14:11; Filipenses 2:10-11).

Por último, la mesa está en presencia de tus enemigos para que puedan escuchar tu canto. Con tus ojos fijos en Jesús, tu adoración será ininterrumpida. Y tu adoración se convertirá en tu arma. No solo Dios será exaltado, sino que las cadenas se romperán mientras luchas con esta declaración: «Puede parecer que estoy rodeado, pero estoy rodeado por ti, Jesús». Todo se transforma cuando cambias un conocimiento de Dios del tamaño de una taza de té por una comprensión oceánica de lo que él es.

Será difícil que el enemigo se meta en tu nueva relación con Dios. ¿Cómo puedes ganar la batalla por tu mente? Mantén tu mente en Cristo. Punto. No hay manera de que el enemigo consiga un asiento en tu mesa.

EL JARDÍN DE TU MENTE

Shelley y yo llevamos regularmente a nuestra perra London a un parque para canes sin correa. Lo pasa muy bien allí, corriendo, saltando y jugando con los demás perros, y nosotros también lo pasamos muy bien.

Pero no todo es diversión y juegos. Hay una alcantarilla en el parque con un tubo de desagüe que sale de debajo de algunos edificios. A London le encanta meterse en la tubería de desagüe. Eso es algo que no se debe hacer. La tubería tiene unos sesenta centímetros de diámetro, y ella se lanza allí más allá del alcance de nuestra vista. No tenemos ni idea de lo que hay ahí, aparte de la aterradora oscuridad. La tubería está fuera de los límites de London. Se lo hemos explicado.

London no va allí siempre. Normalmente vamos al parque, y hacemos lo de siempre. Mucha diversión con mamá y papá. Pero otros días, en cuanto llegamos al parque para perros, la dejamos bajar del coche y es como si se viera que la mente perruna de London entra inmediatamente en una batalla. No sé exactamente lo que piensa nuestra perra, pero apuesto a que es algo así: «¡Mmm! Mamá y papá dicen que no puedo entrar en la tubería. Salgo con las patas mojadas y embarradas, y sé que eso no les gusta. Puede que haya algo en la tubería que me muerda la nariz. Sé que no es donde se supone que debo ir, pero… es una aventura entrar allí. Lo haré solo esta vez. Voy a vigilarlos de cerca para ver cuándo miran para otro lado».

E inmediatamente cuando lo hacemos, *bam*, se ha ido. Baja la colina. Sale corriendo como un rayo, propensa al peligro. Su mente está puesta en la tubería. Su mente no puede dejar de lado esa idea.

¿Has estado alguna vez en un momento así?

Al cierre de este libro, tal vez sigas atascado con un pensamiento o una actitud. Te agobia un concepto erróneo sobre lo que eres, o tal vez no puedes liberarte de una tentación que te atrapa. Sabes lo que Dios quiere para ti, pero te resulta difícil apartar tu mente del camino que te lleva a menos.

Este es el hecho: la batalla por tu vida se libra y se gana en tu mente. Dios quiere que tomes el control de tu mente, en el nombre de Jesús, a través del poder de su Espíritu Santo. Puedes mejorar tu vida cambiando tu *mentalidad*. De eso hemos hablado en todo este libro. Dios está en la historia con nosotros y, porque él está en la historia con nosotros, estamos finalmente en una historia victoriosa. Sin embargo, podemos desviarnos y tropezar en el camino. Podemos darle al enemigo un asiento en nuestra mesa. Pero no es necesario.

Romanos 8:6 resume muy bien cómo no debemos dejar que el enemigo se siente. El versículo dice: «La mentalidad pecaminosa es muerte, mientras que la mentalidad que proviene del Espíritu es vida y paz». Me encanta la redacción de esta versión. Otras traducciones usan la expresión «controlado» o «gobernado», como «La mente gobernada por la carne es muerte, pero la mente gobernada por el Espíritu es vida y paz». Pero me gusta la imagen de una mentalidad en el Espíritu. Podemos tener una nueva mentalidad, con una nueva forma de vernos a nosotros mismos y una nueva forma de pensar en la vida.

Entonces, ¿cómo ponemos nuestra mente en lo que el Espíritu desea?

LA MENTALIDAD QUE CONDUCE A LA VIDA

Necesitamos la mentalidad que conduce a la vida, y quiero que sepas que tu mentalidad puede ser diferente. Tus pensamientos pueden ser distintos, y tu vida puede ser diferente porque tu mente está puesta en Cristo. Dios está con contigo. Él está de tu lado. Él ha establecido una cabecera de playa triunfal a través de Cristo. Pero el resto depende de ti.

¿Cómo funciona todo esto en la vida real? La manera de impedir que el enemigo se siente en tu mesa es ganando la batalla por tu mente. Ganar la batalla de la mente significa reemplazar los viejos y dañinos pensamientos con nuevos pensamientos que dan vida. El pensar en estos nuevos pensamientos resultará en hacer cosas diferentes: cambiar el comportamiento. La victoria comienza en la mente. Una de las grandes maneras de ganar la victoria en tu mente es pensar menos en el diablo o en el mal que estás tratando de evitar y pensar más en Dios y en la verdad que estás tratando de abrazar. Una de las herramientas más poderosas a tu disposición es la capacidad de memorizar las Escrituras.

Imagina que tu mente es un jardín. Las semillas pueden flotar en el viento, ser comidas por los pájaros, o esparcidas en tu jardín por cualquier cantidad de cosas. Pero tú, como jardinero, eres responsable de lo que crece allí. Tienes el poder de regar las buenas semillas, cultivarlas y arrancar las malas hierbas que provienen de las semillas que no quieres.

¿Cómo cultivas, eliminas las malas hierbas y riegas el jardín de tu mente? Romanos 12:2 (TLA) dice: «Y no vivan ya como vive todo el mundo. Al contrario, cambien de manera de ser y de

SOY ENVIADO POR EL ESPÍRITU SANTO, EN MISIONES DEL REINO, PARA SER LUZ EN UN MUNDO OSCURECIDO, CON EL FIN DE QUE OTROS PUEDAN VER A JESÚS.

NO LE DES AL ENEMIGO UN ASIENTO EN TU MESA

pensar. Así podrán saber qué es lo que Dios quiere, es decir, todo lo que es bueno, agradable y perfecto». Cualquier cosa a la que le des cobijo y sustento en tu mente es lo que finalmente crecerá en tu jardín. Vas a cosechar lo que sembraste.

La manera de renovar tu mente es envolver tus pensamientos en las Escrituras. Puedes tomar el control de lo que piensas. Tú plantas deliberadamente las buenas semillas (pensamientos) de Dios en tu mente. A medida que estos pensamientos echen raíces y crezcan, ayudarán a eliminar las malas hierbas destructivas que el enemigo trata de plantar en tu mente.

Lo que sigue son siete semillas de Dios. Espera, no cierres este libro antes de terminarlo ni creas que plantar siete nuevas verdades en tu pensamiento es demasiado para ti. Tú puedes hacerlo. Tomará tiempo, pero *puedes cambiar tu mentalidad y, por lo tanto, cambiar tu vida.*

Te animo a que empieces poco a poco. Realinear tu pensamiento con el de Dios es un proceso. Así que da un paso a la vez. Toma un pensamiento cada día. Medita en ese pensamiento y memoriza la Escritura. Al final de la semana, estarás en camino a cultivar el jardín de tu mente. O tal vez solo quieras tomar un pensamiento y un versículo cada semana durante siete semanas. En cualquier caso, planta y empieza a cultivar estos siete pensamientos en tu mente ahora. Personaliza estas afirmaciones para ti y memoriza estos versículos.

1. **Estoy en la historia de Dios.**

    La historia de quién eres forma parte de la historia más grande de Dios. La historia es más grande que tú. En última instancia, la historia no tiene que ver contigo. Has sido invitado a la historia de la gran gloria y gracia de Dios. Todo gira en torno a él. Pero tú tienes un asiento en su mesa.

    Antes de que te formaras en el vientre de tu madre, Dios te conocía. Jesús, el Buen Pastor, te guía siempre y el Señor hace firmes los pasos de los que se deleitan en él (Salmos 37:23).

    Así que, siembra este pensamiento en tu mente memorizando este versículo: «Porque yo sé muy bien los planes que tengo para ustedes —afirma el SEÑOR—, planes de bienestar y no de calamidad, a fin de darles un futuro y una esperanza» (Jeremías 29:11).

    Tú eres importante para Dios. Pero el significado final no vendrá de poner el foco en ti. Tu vida tendrá mayor significado cuando elijas enfocarla en aquel que te acoge en su historia interminable.

2. **Fui creado de manera admirable y maravillosa.**

    No naciste por un acto aleatorio del cosmos. Dios te creó con intención y te hizo maravillosamente. Dios te ha redimido y conoce tu nombre (Isaías 43:1). Así que siembra este pensamiento memorizando este versículo: «Tú creaste mis entrañas; me formaste en el vientre de mi madre. ¡Te alabo porque soy una creación admirable! ¡Tus obras son maravillosas, y esto lo sé muy bien!» (Salmos 139:13-14). Tú no eres el creador. Tú has sido creado. Dios no ha sido creado a tu imagen y semejanza, como tú crees que debería ser. Tú has sido creado a su imagen y semejanza. Él decidió que te quería en su universo. Él lo imaginó y lo formó. Tú no eres un accidente. Ni incidental. Has sido creado divinamente.

Planta esta semilla cada día. Con el tiempo, tendrás un roble que te dará sombra a ti y a los que te rodean. Empezarás a creer que eres lo que Dios dice que eres. Único. Especial. Valioso.

3. Mi vida tiene un propósito.

Has nacido por una noble razón. Dios tiene cosas buenas que debes hacer. Te ha llamado a vivir para lo que importa. Así que siembra este pensamiento memorizando este versículo: «Porque somos hechura de Dios, creados en Cristo Jesús para buenas obras, las cuales Dios dispuso de antemano a fin de que las pongamos en práctica» (Efesios 2:10). Las cosas al azar son aleatorias. Las cosas evolucionadas están vacías de significado específico. Pero las cosas creadas tienen un propósito. Solo hay un tú. Tienes una vocación única, una razón de ser. Algo que hacer en la gran historia de Dios que es importante y necesario. No te creas la mentira de que eres prescindible. No lo eres. Dios te puso en la tierra con un propósito. Tu vida es importante, para él y para aquellos a los que él está posicionando para servir.

4. La cruz tiene la última palabra.

El trabajo que Jesús hizo en la cruz define tu vida. Te da la victoria sobre la muerte. Te identificas con Cristo. Eres una nueva creación. Tú no eres un indeseado, no amado, o sin valor. Eres querido por Dios, hecho a la imagen de Dios y digno del amor de Cristo, porque él ha decidido darte valor. Tu identidad nació en la muerte, sepultura y resurrección de Cristo.

No dejes que nadie intente convencerte de algo que no te fue demostrado cuando Cristo dio su vida por ti. Tú has sido perdonado. Hecho justo. Eres santo en Cristo. Has nacido en una nueva familia. Estás entretejido en los planes y propósitos divinos. Tu culpa ha sido eliminada. Eres libre.

Así que plántate esta mentalidad memorizando este versículo: «Por lo tanto, si alguno está en Cristo, es una nueva creación. ¡Lo viejo ha pasado, ha llegado ya lo nuevo!» (2 Corintios 5:17).

5. Sirvo a las órdenes del Rey.

La obra de Jesús transforma tu trabajo. No te limitas a trabajar en un empleo. Sirves a Jesucristo, el Rey de reyes.

A la luz de esta verdad, he aquí una nueva declaración de visión personal, que puedes recordar cada día: *Soy enviado por el Espíritu Santo, en misiones del reino, para ser luz en un mundo oscurecido, con el fin de que otros puedan ver a Jesús.*

Plántate este pensamiento memorizando este versículo: «Pero ustedes son linaje escogido, real sacerdocio, nación santa, pueblo que pertenece a Dios, para que proclamen las obras maravillosas de aquel que los llamó de las tinieblas a su luz admirable» (1 Pedro 2:9).

6. Jesús es el Señor, Jesús es mi Señor.

Tu Dios es más fuerte que todo, más alto que todo y digno de toda alabanza. Tu Dios es el Gran Rey. Su reino es eterno; sus planes son inatacables y seguros.

Siembra este pensamiento memorizando este versículo: «Por eso Dios lo exaltó hasta lo sumo y le otorgó el nombre que está sobre todo nombre, para que ante el nombre de Jesús se doble toda rodilla en el cielo y en la tierra y debajo de la tierra, y toda lengua confiese que Jesucristo es el Señor, para gloria de Dios Padre» (Filipenses 2:9-11).

7. Mi Dios convierte el mal en bien.

La vida no siempre funciona como uno espera. Vives en un planeta quebrantado. Pero ninguna circunstancia puede impedir que las semillas de las que acabamos de hablar se cultiven en tu mente. Ninguna dificultad, desilusión, enfermedad, divorcio, oscuridad o desierto puede impedir el crecimiento de los pensamientos piadosos para que se conviertan en árboles poderosos en tu forma de pensar.

Así que planta esto en tu mente: «Ahora bien, sabemos que Dios dispone todas las cosas para el bien de quienes lo aman, los que han sido llamados de acuerdo con su propósito» (Romanos 8:28).

Empieza por ahí. Dios ha dicho estas verdades en su Palabra. Ahora depende de ti plantarlas en tu mente, y seguir cultivándolas y nutriéndolas hasta que la Palabra eche raíces y crezca y produzca una cosecha.

Deja que las imágenes que hemos dibujado te iluminen la verdad: el jardín es tu mente, donde estás cultivando una persona transformada al plantar la Palabra de Dios. Esa persona está sentada a la mesa, el lugar de la comunión con el Buen Pastor, donde no quieres dar asiento al diablo; quieres disfrutar de la comida con tu Señor. La montaña representa la grandeza del Señor mismo, y tu privilegio es ascender más y más alto para conocerlo. Todas estas imágenes tienen que ver con la relación profunda y cada vez más insondable con el Dios del universo a la que estás invitado. No tengas miedo. Jesús, el Buen Pastor, te guía en cada paso del camino.

UN CONTINUO ACERCAMIENTO

La Escritura es clara: Jesús vive en ti, y cuando Jesús vive en ti, tu historia está limpia. Eres liberado de la condenación, se te da una nueva vida e ingresas a una nueva familia. Tienes una relación con Dios a través de Jesús. La obra de Cristo en la cruz te sacó de la muerte, así que ahora tu vida puede ser vivida completamente rendida a él. Estás vivo en el Espíritu, vivo por el Espíritu, vivo para Cristo, vivo en Cristo, para vivir la vida de Cristo para que él sea glorificado. Esto no es una negociación. Esto es un llamado a rendirse completamente a Jesús. Estás completamente abierto, completamente disponible para él. Él te ha dado una nueva identidad. Tu llamado es para darlo a conocer en el mundo.

No sé tú, pero yo quiero poner diariamente mi mente y mi corazón en Cristo. Quiero llenar constantemente mi mente con las Escrituras. No quiero perder el tiempo. No quiero desviarme del camino. No quiero darle al enemigo un asiento en mi mesa. Quiero poner mi mente en el Espíritu y rendirme diariamente a él. Dios ha hecho un camino para ti y para mí, y no es haciendo nuestro propio camino. Es entrando en el proceso de dar a conocer a Cristo en el mundo.

Sé que quiero que Dios se mueva de manera sobrenatural en mi vida. No quiero llegar al final de mis días y mirar hacia atrás para ver una vida estereotipada que se parece a lo que la sociedad dice que es una vida normal. No quiero ser el promedio. No quiero el camino más fácil. Quiero conocer a Dios íntimamente, profundamente. Y quiero que mi vida desafíe la explicación humana.

Pienso que esta es la vida que tú también quieres. Este tipo de vida puede ser la tuya. Una que depende totalmente del poder del

Espíritu Santo. Y es activada por ti dando un paso adelante en la fe. Muy a menudo queremos ver milagros primero, antes de dar un paso. Nos decimos: «Bien, Dios, haz algo grande y luego daré el paso. Dame primero todas las palabras correctas y luego tomaré el micrófono. Dame primero todo el dinero y luego empezaré lo que me has llamado a hacer. Proporcióname el cónyuge que necesito y entonces daré el paso hacia lo desconocido». Pero la plenitud de la vida que Jesús proporciona se nos hace evidente a menudo cuando nos movemos, cuando actuamos según su guía, cuando abrimos la boca y hablamos. Los pasos que damos en la fe activan el poder del Espíritu.

Esa es tu decisión hoy.

No le des al enemigo un asiento en tu mesa. Puedes ganar la batalla por tu mente. No te rindas al pecado, a la desesperación ni a la oscuridad. Lleva cada pensamiento cautivo. Ata todo pensamiento que no venga de Dios en el nombre de Jesús. Llena tu mente con la bondad y la riqueza de las Escrituras. Memoriza las Escrituras, y conviértete en el *disc jockey* de tu mente, dejando que los pensamientos de Dios llenen tu corazón y tu vida de manera consistente. Entrega tu vida completamente a Jesús. Él te llevará a pastos verdes y aguas tranquilas. Él te guiará a través de valles oscuros, pero nunca tendrás que temer. No tendrás necesidad, porque Jesús restaurará tu alma. Jesús te llevará a una mesa en presencia de tus enemigos, pero no hay nada de qué preocuparse, porque tu cabeza está goteando de unción, tu copa rebosa de abundancia, y la bondad y la misericordia te siguen todos los días de tu vida.

El Buen Pastor está sentado a tu mesa. Jesús te ha invitado a disfrutar toda la abundancia que ofrece. Es una comida para los dos. Él mismo es el banquete.

AGRADECIMIENTOS

Cada libro tiene un viaje y, en este caso, ese viaje no se habría completado sin un pueblo. Shelley y yo tenemos la gran suerte de formar parte del mejor equipo del mundo en Passion, y de tener unos socios increíbles de HarperCollins Christian Publishing y W Publishing Group.

Estoy en deuda con mi compañero de redacción, Marcus Brotherton, un autor premiado por derecho propio. Gracias, Marcus, por ayudar a dar forma a esta historia y por dar voz a los mensajes que se entretejen en este libro. Admiro tu habilidad para escribir, pero también aprecio tu deseo de que el Espíritu Santo conecte las verdades de la Palabra de Dios con los corazones de las personas de manera transformadora.

Este libro fue creado en colaboración con Kevin Marks, el jefe de nuestro equipo de Passion Publishing y una leyenda de las publicaciones cristianas. Me encanta que esté literalmente al otro lado de la pared entre nuestras oficinas, dirigiendo con firmeza y sabiduría la asociación que compartimos con HCCP. Gracias también a Emily Floyd, nuestra directora de proyectos, y a Rachelle Legentus, nuestra directora de marketing.

Estoy muy agradecido a todos los que trabajan en HarperCollins Christian Publishing, empezando por Mark Schoenwald, Don Jacobson (que publicó mi primer libro y que recientemente se unió a HCCP) y Damon Reiss (que dirige el equipo de W Publishing). Es un honor para mí trabajar con el equipo de W Publishing: Kyle Olund, Meaghan Porter, Kristen Paige Andrews, Caren Wolfe, Laura Askvig, Allison Carter y el resto de este extraordinario equipo.

Mi equipo personal en Passion es excepcional, ya que me ha proporcionado asistencia en la redacción y edición, asesoramiento creativo, sensibilización en materia de marketing y redes sociales, estímulo constante y mucho más. No podría haber completado este proyecto sin la ayuda de mi directora ejecutiva de proyectos y nuestra consejera principal, Sue Graddy, así como de mi equipo de apoyo directo: Ana Muñoz, Jake Daghe, Britt Adams y Macie Vance.

Shelley y yo formamos parte de una increíble familia de creativos, estrategas, artistas, pastores y constructores en Passion. Juntos ayudan a cultivar y liderar un sólido ecosistema que permite que libros como este lleguen a personas de todo el mundo.

El diseño de la portada es obra de Leighton Ching, líder de Passion Design, junto con el diseño en línea de Chandler

Saunders, con Kaitlin Randolph como directora del proyecto.

Estoy agradecido por Misty Paige, Courtney McCormick y Justine Simon, que están dando liderazgo a Passion Resources en esta temporada y ayudando a tanta gente a encontrar el camino hacia este libro.

Además, Joe Gannon, Kevin Stacy, James Vore y Lindsey Williams gestionan nuestros canales de narración y marketing con la convicción de que muchas vidas serán tocadas y alentadas por este mensaje.

Shelley y yo estamos agradecidos por cada uno de ustedes y atesoramos la oportunidad que tenemos de hacer mucho de Dios juntos.

NOTAS

CAPÍTULO 2: EL SALMO VEINTITRÉS, UN REMIX

1. Para conocer su historia completa, consulta los libros de Katherine y Jay: Katherine and Jay Wolf, *Suffer Strong* (Nashville: Zondervan, 2020) y *Hope Heals* (Nashville: Zondervan, 2016).

CAPÍTULO 3: ¿TE IMPORTA SI ME SIENTO?

1. He contado esta historia más de una vez, por lo que es posible que la hayas escuchado antes. Pero es vital para el mensaje central de este libro, el mensaje al que nos enfrentamos tantas veces sin darnos cuenta, y por eso lo vuelvo a contar aquí.

CAPÍTULO 6: LA REVOLUCIÓN DE LA LIBERTAD

1. «What Happens If You Fall into Quicksand?», producido por What If?, junto con Underknown y Ontario Creates, 24 de julio de 2019, https://www.youtube.com/watch?v=jYlZyO62V7A.

2. Para un estudio útil y rápido de la palabra santo, mira el video «Is Every Christian a Saint?» por John Piper, en su blog Desiring God, 22 de junio de 2017, https://www.desiringgod.org/labs/is-every-christian-a-saint.

3. Jack May, «Which Is London's Deepest Tube Station?», City Monitor, 5 de abril de 2017, https://www.citymetric.com/ transport /which-london-s-deepest-tube-station-2938.

4. La ilustración también se encuentra en Priscilla Shirer, *Awaken: 90 Days with the God Who Speaks* (Nashville: B&H Books, 2017), Día 51.

CAPÍTULO 7: LLEVA CAUTIVO TODO PENSAMIENTO

1. Dave Roos, «D-Day: Facts on the Epic 1944 Invasion That Changed the Course of WWII», History, actualizado el 4 de junio de 2020, https://www.history.com/ news/d-day-normandy-wwii-facts.

CAPÍTULO 9: TAMBALEANTE POR LA MONTAÑA

1. C. S. Lewis, *El peso de la gloria* (Nashville: HarperCollins Español, 2016), p. 21.

2. A. W. Tozer, *El conocimiento del Dios santo* (Deerfield: Editorial Vida, 1996), p. 17.

3. James Strong, *Nueva concordancia Strong Exhaustiva de la Biblia* (Nashville: Editorial Caribe, 2002), 6942.

4. Strong, 3519.

5. San Agustín, *Confesiones*, trad. A. E. Ortega (Madrid: Editorial Gredos, 2010), p. 116.

6. David D. Kirkpatrick y Rukmini Callimachi, «Islamic State Video Shows Beheadings of Egyptian Christians in Libya», *New York Times*, 15 de febrero de 2015, https://www.nytimes.com/2015 /02/16/world/middleeast/islamic-state-video-beheadings-of-21 -egyptian-christians.html

ACERCA DEL AUTOR

Louie Giglio es pastor de Passion City Church y visionario original del movimiento Passion, que existe para llamar a una generación a aprovechar sus vidas para dar a conocer a Jesús.

Desde 1997, Passion Conferences ha reunido a jóvenes en edad universitaria en eventos por todo Estados Unidos y el mundo. Recientemente, Passion acogió a más de 700 000 personas de más de 150 países en línea en Passion 2021.

Louie es autor de más de una docena de libros de gran éxito nacional, entre los que se incluyen su última publicación, *No le des al enemigo un asiento en tu mesa*, así como *Goliat debe caer, ¡Cuán grande es nuestro Dios!: 100 devocionales indescriptibles acerca de Dios y la ciencia, Nunca demasiado lejos, Yo no soy, pero conozco al Yo Soy: Conoce al protagonista principal* y otros. Como comunicador, Louie es ampliamente conocido por mensajes como Indescriptible y Qué grande es nuestro Dios.

Nacido en Atlanta y graduado en la Georgia State University, Louie ha realizado estudios de posgrado en Baylor University y tiene un máster del Southwestern Baptist Theological Seminary. Louie y su esposa, Shelley, viven en Atlanta.